On Locke

洛克

[美] 格瑞特·汤姆森（Gerrit Thomson）◎著

袁银传 蔡红艳◎译

清华大学出版社

北 京

北京市版权局著作权合同登记号 图字01-2018-1994号

On Locke
Gerrit Thomson

图书在版编目（CIP）数据

洛克 /（美）格瑞特·汤姆森（Gerrit Thomson）著；袁银传，蔡红艳译. —北京：清华大学出版社，2019（2023.2重印）
（悦·读人生）
书名原文：On Locke
ISBN 978-7-302-52547-9

Ⅰ.①洛… Ⅱ.①格…②袁…③蔡… Ⅲ.①洛克（Locke, John 1632-1704）—哲学思想—思想评论 Ⅳ.① B561.24

中国版本图书馆 CIP 数据核字（2019）第 047330 号

责任编辑：刘志彬
封面设计：李召霞
责任校对：王荣静
责任印制：刘海龙

出版发行：清华大学出版社
　　　　　http://www.tup.com.cn
　　　　　社 总 机：010-83470000
　　　　　投稿与读者服务：010-62776969，c-service@tup.tsinghua.edu.cn
　　　　　质量反馈：010-62772015，zhiliang@tup.tsinghua.edu.cn
　　　　　地　　址：北京清华大学学研大厦 A 座
　　　　　邮　　编：100084
　　　　　邮　　购：010-62786544
印 装 者：三河市铭诚印务有限公司
经　销：全国新华书店
开　本：148mm×210mm　印　张：5.125　字　数：94 千字
版　次：2019 年 5 月第 1 版　印　次：2023 年 2 月第 2 次印刷
定　价：35.00 元

产品编号：077070-01

洛 克

约翰·洛克（John Locke, 1632—1704），英国哲学家，与贝克莱、休谟被并称为英国近代三大经验主义哲学家。出生于清教徒家庭，长大后入牛津大学学习，1666 年成为政治家沙夫茨伯里伯爵的助手，参与英国的政治变革，支持光荣革命。著有《人类理解论》《政府论》等。

洛克是英国经验主义的开创者，认为人类所有的思想和观念都来自或反映了人类的感官经验。观念分为感觉的观念和反思的观念，这两种观念是一切知识的来源。他提出了"主观性"或称为"自我"的概念，被视为现代主义中"本体"以及自我理论的奠基者，影响了休谟、卢梭、康德等。

洛克是启蒙时代最有影响力的自由主义者，他的社会契约理论也对后世政治哲学影响深远。

内容简介

　　本书首先简要介绍了洛克的生平经历，以让读者了解其思想的形成过程，然后则有选择性地着重对洛克关于"观念""实体""心智""知识""道德"和"政治"等方面的思想进行详细阐释，帮助读者准确把握其富有启发性和包蕴性的思想。

总序

　　贺麟先生在抗战时期写道："西洋哲学之传播到中国来，实在太晚！中国哲学界缺乏先知先觉人士及早认识西洋哲学的真面目，批评地介绍到中国来，这使得中国的学术文化实在吃亏不小。"[①]贺麟先生主持的"西洋哲学名著翻译委员会"大力引进西方哲学，解放后商务印书馆出版的《汉译世界学术名著》的"哲学"和"政治学"系列以翻译引进西方哲学名著为主。20世纪80年代以来，三联书店、上海译文出版社、华夏出版社等大力翻译出版现代西方哲学著作，这些译著改变了中国学者对西方哲

---

① 贺麟. 当代中国哲学. 上海：上海书店，1945：26.

学知之甚少的局面。但也造成新的问题：西方哲学的译著即使被译为汉语，初学者也难以理解，或难以接受。王国维先生当年发现西方哲学中"可爱者不可信，可信者不可爱"，不少读者至今仍有这样体会。比如，有读者在网上说："对于研究者来说，原著和已经成为经典的研究性著作应是最该着力的地方。但哲学也需要普及，这样的哲学普及著作对于像我这样的哲学爱好者和初学者都很有意义，起码可以避免误解，尤其是那种自以为是的误解。只是这样的书还太少，尤其是国内著作。"这些话表达出读者的迫切需求。

为了克服西方哲学的研究和普及之间的隔阂，清华大学出版社引进翻译了国际著名教育出版巨头圣智学习集团的"华兹华斯哲学家丛书"（Wadsworth Philosophers）。"华兹华斯"是高等教育教科书的系列丛书，门类齐全，"哲学家丛书"是"人文社会科学类"中"哲学系列"的一种，现已出版 88 本。这套丛书集学术性与普及性于一体，每本书作者都是研究其所论述的哲学家的著名学者，发表过专业性很强的学术著作和论文，他们在为本丛书撰稿时以普及和入门为目的，用概要方式介绍哲学家主要思想，要言不烦，而又不泛泛而谈。因此这套书特点和要点突出，文字简明通俗，同时不失学术性，或评论哲学家的是非得失，或介绍哲学界的争议，每本书后还附有该哲学家著作和重要第二手研究著作的书目，供有兴趣读者作继续阅读之用。由于这些优点，这套丛书在国外是不可多得的哲学畅销书，不但是哲学教科书，而且是很多哲学业余爱好者的必读书。

"华兹华斯哲学家丛书"所介绍的，包括耶稣、佛陀等宗教创始人，沃斯通克拉夫特、艾茵·兰德等文学家，还包括老子、庄子等中国思想家。清华大学出版社从中精选出中国人亟须了解的主要西方哲学家，以及陀思妥耶夫斯基、梭罗和加缪等富有哲思的文学家和思想家，以飨读者。清华大学出版社非常重视哲学领域，引进出版的《大问题：简明哲学导论》等重磅图书奠定了在哲学领域的市场地位。这次引进翻译这套西文丛书，更会强化这一地位。现在越来越多的人认识到，在思想文化频繁交流的全球化时代，没有基本的西学知识，也不能真正懂得中华文化传统的精华，读一些西方哲学的书是青年学子的必修课，而且成为各种职业人继续教育的新时尚。清华大学出版社的出版物对弘扬祖国优秀文化传统和引领时代风尚起到积极推动作用，值得赞扬和支持。

张世英先生担任这套译丛的主编，他老当益壮，精神矍铄，认真负责地选译者，审译稿。张先生是我崇敬的前辈，多年聆听他的教导，这次与他的合作，更使我受益良多。这套丛书的各位译者都是学有专攻的知名学者或后起之秀，他们以深厚的学养和翻译经验为基础，翻译信实可靠，保持了原书详略得当、可读性强的特点。

本丛书共 44 册，之前在中华书局出版过，得到读者好评。

我看到这样一些网评："简明、流畅、通俗、易懂，即使你没有系统学过哲学，也能读懂"；"本书的脉络非常清晰，是一本通俗的入门书"；"集文化普及和学术研究为一体"；"要在一百来页中介绍清楚他的整个哲学体系，也只能是一种概述。但对于普通读者来说，这种概述很有意义，简单清晰的描述往往能解决很多阅读原著过程中出现的误解和迷惑"；等等。

这些评论让我感到欣慰，因为我深知哲学的普及读物比专业论著更难写。我在中学学几何时曾总结出这样的学习经验：不要满足于找到一道题的证明，而要找出步骤最少的证明，这才是最难、最有趣的智力训练。想不到学习哲学多年后也有了类似的学习经验：由简入繁易、化繁为简难。单从这一点看，柏拉图学园门楣上的题词"不懂几何者莫入此门"所言不虚。我先后撰写过十几本书，最厚的有八九十万字，但影响最大的只是两本 30 余万字的教科书。我主编过七八本书，最厚的有 100 多万字，但影响最大的是这套丛书中多种10 万字左右的小册子。现在学术界以研究专著为学问，以随笔感想为时尚。我的理想是写学术性、有个性的教科书，用简明的思想、流畅的文字化解西方哲学著作烦琐晦涩的思想，同时保持其细致缜密的辨析和论证。为此，我最近提出了"中国大众的西方哲学"的主张。我自知"中国大众的西方哲学，现在还不是现实，而是一个实践的目标。本人实践的第一步是要用中文把现代西方哲学的一些片段和观点讲得清楚明白"①。欣闻清华大学出版社要修订再版这套译丛，每本书都是讲得清楚明白的思想家的深奥哲理。我相信这套丛书将更广泛地传播中国大众的西方哲学，使西方哲学融合在中国当代思想之中。

赵敦华

2019 年 4 月

---

① 详见赵敦华. 中国大众的现代西方哲学. 新华文摘，2013（17）：40.

序 | Preface

　　洛克（Locke）生活在一个变动不居的年代。他出生于 1632 年，伽利略（Galileo）在这一年发表了关于地心说的评论。5 年以后，笛卡尔（Descartes）发表了《方法论》。当时欧洲知识界正在发生变化。中世纪的经院哲学正在被新科学所取代。这种新科学是由包括洛克的朋友，如牛顿（Newton）和波义耳（Boyle）等人所发展起来的。这是一次激动人心的理智革命。

　　在英国，这也是一个政治变革的年代。经过 7 年内战以后，英国于 1649 年成为一个共和国。当时，洛克才 17 岁。11 年后，英国恢复成为一个君主制国家。

但是不久，信奉新教的英格兰对新的天主教国王不满意。于是，在 1689 年，詹姆斯二世国王就被新教国王威廉（William）和玛丽（Mary）所代替。在这场标志着绝对专制政权在英国的结束的和平"革命"中，洛克是一个重要的活动家。

这些政治变革与全欧洲的宗教紧张状态融合在一起。1648 年，"三十年战争"结束了，留下一个惨遭破坏的德国。信奉天主教的法国成为欧洲大陆的主要力量，由"太阳王"——路易十四（Louis XIV）统治，并且他似乎准备入侵新教国家荷兰。在宗教冲突的这一时期，洛克是一个主张宽容的人。

洛克积极参加了当时社会的科学、政治和宗教的变革事件，他也是一位反思这些变革的意义的思想家。他认识到一方面需要避免极端狂热的激情；另一方面又要避免悲观的怀疑主义。他反对独裁主义、教条和对个人自由思想的压制。最重要的是，洛克揭示了在政治和宗教领域内道德作为自由的推动力的重要性。

为了达到这些目标，他提出，我们需要明白知识是什么，以及我们如何去获得知识。知识论向我们揭示出科学探究的范围。用这种方法，它会使我们从怀疑主义和玄想中解放出来，并且让我们看到，我们的理智能力最适合于思考道德和政治这些实际问题。它也会让我们看到在宗教中理性与启示之间的关系。

简而言之，洛克发展了一种政治权力的观念；这种政治权力不是基于权威，而是基于同意。他还提出了一种知识的观点，这种观点认为，知识应该植根于个体经验而不是教条或权威。

所有没标明的参考资料均来自于洛克的《人类理解论》，该书细分为卷、章和节。第 10 章中标记为"T"的参考文献都来源于洛克的《政府论》。

我非常感谢较早的关于洛克研究著作的作者，特别是阿伦教授（Professor Aron）、艾尔斯教授（Professor Ayers）、查普尔教授（Professor Chappell）、邓恩教授（Professor Dunn）、乔利教授（Professor Jolley）和伍尔豪斯教授（Professor Woolhouse）。我还要谢谢我母亲琼·汤姆森（June Thomson），她阅读并修改了这本书的初稿。我将这本书献给我的女儿弗朗西丝（Frances），以示我对她的爱。

目录 | Contents

1

On Locke ——————— 一个谦逊的人

洛克的墓碑上刻着他自己写的墓
志铭：

"这里躺着的是约翰·洛克。
如果你好奇于他是一个什么样的
人，那么答案就是：他是一个满
足于谦虚的人，一个总是致力于
寻求真理的训练有素的学者……"

对一个可称得上是经验主义的奠基人来
说，这是一篇相当谦逊的墓志铭。他的政治
哲学被铭刻在美国宪法之中。在 18 世纪，
作为上一个世纪里的两个思想巨匠，他的名
字通常是与牛顿的名字联系在一起的。

洛克的墓志铭反映了他对生活和工作

的态度。洛克出生在一个令他反感的动乱年代。1642年，洛克10岁的时候，英格兰国内战争爆发。他的父亲参加国会的军队与保皇军作战。1649年国王查理一世（Charles I）被处决，英格兰成为一个共和制国家。那个时代的暴力给洛克的世界观带来很深远的影响。他的作品的主题唾弃对内战的疯狂激情和狂热。相反，它表达了一种对生活的理智而平和的态度。它显示了严肃思考的美德，与唾弃了内战时期的情感主义的新一代相吻合。以这种风格，洛克辩护了宗教宽容，辩护了理性的基督教模式，还辩护了混合政制，后者被用来取代无节制的专制君主政制。

尽管洛克有这种温和的品质，但他本人却过着一种激动人心的生活。他是一个医生，与当时一些有名的科学家一起工作。他积极参与政治并且曾亡命他国。他是一个学者、思想家和作家，他的作品在他生活的年代就声名显赫并且影响深远。为方便起见，我们把他的成年生活分成六个阶段。

牛津大学的学者

洛克的父亲是英格兰西部的萨默塞特郡（Somerset）的一位律师，在治安法院担任一名职员。幸运的是，1647年在洛克15岁的时候，他获得了这个国家最好的学校威斯敏斯特（Westminster）的奖学金。这确定了他的人生方向。这个学校与牛津的基督学院相连，在 1652 年洛克获得该院的奖学金。他分别于 1656 年和 1658 年完成了他的学士学位和硕士学位。

洛克在牛津时对学习中世纪的亚里士多德主义哲学没有多少兴趣，他在课程之外形成了多种兴趣。他研究他那个时代的政治和宗教问题，并且开始收集杂志和私人的普通书籍。像编纂自己的小百科全书一样，洛克把这些书当作参考书籍。就是在这期间，洛克开始发现他的理智气质使他与其他思想家不同：他是一个相当实际的人，根本不去试图推测，但是同时，他致力于证明或反驳他那个时代的哲学假说。

在洛克的早期生活中，他的主要兴趣是医学。17 世纪 50 年代以来，他开始非正式地热心于研究医学。在那个时候，注重实际研究和实验是创新的和激动人心的。先前，人们一般从书本中获得有关人体生理学的知识，这些书籍是古希腊传统的延伸。对于洛克来说，这种以观察为基础的医学新方法，对盲目坚持体现在正规学习中的传统来说，是一种最好的矫正。

1660 年洛克遇到著名的化学家和皇家学会的创始人罗伯特·波义耳，于是洛克的兴趣范围扩大到自然哲学。他阅读波义耳、笛卡尔和伽桑狄（Gassendi）的著作。罗伯特·波义耳是一个富有的贵族，他通常被称为现代化学的创始人。他没有牛津大学的教职。然而，在位于高街的家里他有一个实验室，并且聚集在他周围的是一些对应用新的实验方法研究感兴趣的年轻的科学家。洛克就是这个团体中的一名积极分子。在波义耳于1691年去世之前，波义耳和洛克一直是亲密的朋友。

当洛克正致力于他感兴趣的科学事业时，他在牛津大学的学术地位变得更加稳固。1659年他被推选获得高级奖学金，1660年成为希腊语的讲师，1663年是修辞学的高级讲师，1664年获得一个道德哲学的教席。

1661年洛克的父亲去世。洛克与他的父亲的关系特别亲密。他赞成他父亲对他的培养方式：在洛克小的时候，他的父亲对他严格管教。但是当洛克长大之后，他父亲对他就没有那么严厉了。洛克成年以后，成为他父亲的亲密朋友。他父亲遗赠给他一小笔遗产，使洛克在牛津的生活更舒适和稳定。

在牛津，人们认为大学教师的大多数人成为教士是必要的。洛克被要求进入教堂。他向他的一位老朋友斯查基（Stratchey）征求意见，斯查基告诉他不要接受神职，而应该去旅行。

洛克后来采纳了这个意见。1665年他被任命为外交使团的秘书奔赴勃兰登堡（Brandenburg）。为期两个月的代表团出使现今的德国的使命失败了，德国既不能为选举人联盟提供安全保证，也没有答应在荷兰战争中保持中立。然而在国外的旅行中，洛克觉得很愉快。

当洛克返回牛津时，他已经认定他未来的职业将会在医学方面。他拒绝了在西班牙和瑞典的外交职位。1667年，他遇到著名的物理学家托马斯·西德纳姆（Thomas Sydenham）。

这位物理学家是一位从事严格观察的医学事业上的先锋。尽管他下定了决心，但直到 1675 年 2 月洛克才获得从事医学这个职业的执照（由牛津大学颁发）。尽管洛克断断续续地从事医学工作，但医生从未成为他的正规职业，因为洛克生活的道路被 1666 年发生的一件事戏剧性地改变了。

1667—1675 年在伦敦与沙夫茨伯里伯爵在一起

1667 年夏天，洛克与安东尼·阿什利（Anthony Ashley）勋爵相识。作为财政大臣，安东尼·阿什利积极参与政治活动，并且后来成为沙夫茨伯里（Shaftesbury）伯爵和英格兰的大法官。阿什利因病来到牛津疗养。他认识了洛克，并对他有很深的印象，两人后来成为朋友。1667 年，洛克搬迁到阿什利位于伦敦市中心的豪华的房子——位于斯特兰德街的埃克塞特（Exeter）别墅，并且成为阿什利的秘书和医生。

阿什利是一个非凡的人物。9 岁时他成为一名孤儿，具有准男爵爵位的他相当热衷于政治密谋。在内战期间，阿什利从保皇党倒向议会党人一边，议会党人一边取得了胜利。然而，1658 年奥利弗·克伦威尔去世后，阿什利被控参与谋划查理二世国王复辟。1660 年，查理的复位，阿什利成为一位伯爵并踏上仕途之路。阿什利在他的政治生涯中注定再一次倒戈，并且使洛克也卷入了这些政治图谋。

洛克进入埃克塞特别墅后改变了他的生活。他事业上发达了。在伦敦，他的医学研究向前飞跃了一步。1668年，洛克成为皇家学会的成员。这年，洛克实施手术挽救了阿什利的生命。他开始与西德纳姆合著一本书，书名为《论医术》（*De Arte Medica*），他计划写这本书来评论医学的现状，但是这本书从来没有完成。

更有意义的是，洛克变得热衷于政治。他不久就向阿什利就当时重要的政治问题提出建议，并且他的影响波及阿什利圈子中的其他政治家。他被委任为卡罗来纳（Carolina）贵族委员会的秘书，并帮助起草该殖民地的新宪法。

1667年，洛克写了一篇关于宽容的文章；这篇文章为他后来的更有名的作品奠定了基础。1668年，他开始写一部关于经济学的书——《关于降息和货币增值的思考》，这部书于1692年出版。在这本书中，他提出关于利率的纯经济学观点，即借款利率应由市场决定而不应由法律来规定。在这一期间，洛克组成了一个讨论小组，结果，1671年洛克开始起草一个手稿，这一手稿后来成为《人类理解论》这本书。

当阿什利成为沙夫茨伯里伯爵和英格兰大法官时，洛克也被授予一个新的职位。他成为负责大法官的教会事务的秘书，后成为贸易和计划事务大臣。仅就职一年后，由于阿什利与国王不和，洛克失去了工作。然而，到1675年3月，他又重新获得贸易和计划事务大臣的职位。

1675—1679 年在法兰西

1675 年年底，洛克离开英格兰达三年半的时间。工作的压力导致了支气管疾病的恶化。这使他被迫来到法兰西，在那里他遇到了一些一流的学者、哲学家和医学界人士。他在疗养胜地蒙彼利埃（Montpellier）住了一年多。然后移到巴黎住了一年，在那里他吸收了这一时期知识界的气息。他遇到了笛卡尔的信徒和反对者，并且与科学哲学家伽桑狄的一个学生成为朋友，伽桑狄的作品对洛克产生了很大影响。

1679—1683 年在英格兰时期的政治生活

当洛克回到英格兰时，这个国家再次处于政治动荡之中。国王查理二世和他的兄弟詹姆斯是虔诚的天主教徒，但英国的大多数民众是新教徒。这对不受欢迎的斯图亚特王室兄弟早就谋略背叛祖国，沙夫茨伯里伯爵成为反对党的领袖，结果他被囚禁在伦敦塔达一年时间。

当洛克回国的时候，由于刚刚召集的国会的压力，他的朋友沙夫茨伯里伯爵已经被释放出来。之后，沙夫茨伯里被任命为下议院的贵族首领，洛克被召去与他一起工作。由于害怕查理二世的兄弟詹姆斯会继承王位并把天主教强加于整个国家，议会试图通过一项议案或法律阻止詹姆斯继位。结果，国王解散了议会，沙夫茨伯里再次失去了工作。不久，沙夫茨伯里参与一些更为危险的活动，支持蒙茅斯（Monmouth）公爵——查理二世的一个私生子和新教徒，他成为英格兰王位的追求者。蒙茅斯公爵已经被国王放逐到荷兰。沙夫茨伯里组织俱乐部支持蒙茅斯公爵，并且激起了王位的合法继承人詹姆斯的反对。没有人知道洛克与所有这些事的牵连有多深；他以牛津为基地。据他的一位同事说："他过着一种机巧的和让人难以捉摸的生活……没有人知道他去了哪里，什么时候走的，或者什么时候回来。"

1681 年 7 月，沙夫茨伯里由于一项叛国的指控而被捕，在宣告无罪之前又在伦敦塔里度过了几个月。大约一年之后，当蒙茅斯也被捕时，沙夫茨伯里隐居起来并且逃到荷兰，1683 年他在荷兰去世。1683 年，洛克也逃往荷兰。

1683—1689 年在荷兰流放期间

洛克在阿姆斯特丹度过 1683 年与 1684 年的冬天，在那里他学习医学和哲学。他遇到著名的自由神学家菲利浦·范·林博基（Philip van Limborch）。两个人成为朋友，并且经常保持着通讯联系，直到洛克逝世。

因为洛克与沙夫茨伯里之间的长期联系，1684 年 11 月，国王命令开除洛克在基督教学院的学者身份。当查理二世于

1685 年去世之后，蒙茅斯准备发动一场剥夺詹姆斯二世王位的政变。这场政变失败了。作为蒙茅斯的支持者之一，洛克的名字又被提起，并且英国王室要求荷兰政府引渡洛克回国。有一段时间，洛克以范·登·林登（van den Linden）医生的假名藏匿起来。他拒绝了随后来自国王的一份道歉的建议，并说"由于没有因犯罪而感到内疚，他不能表示道歉"。

除了他与林博基之间的友谊，洛克在荷兰期间还有两件值得安慰的事：第一，他的身体变好了；第二，他有时间写作。1685 年，洛克遇上莱克勒克（Leclerk），当时莱克勒克正准备创办一本名为《万有文库》（*Bibliotheque Universelle*）的文艺杂志。洛克写了一篇文章解释了他是如何写作并规划他的著作的，这是他发表的第一篇作品。在这期间，他写了几封关于教育的书信给他的朋友克拉克(Clarke)，后来这些信件以《关于教育的几点思考》为题于 1693 年发表。在 1685 年的冬天，洛克用拉丁文给林博基写了一封关于宗教宽容的长信，这封信以《论宗教宽容》为题于 1689 年匿名发表。更重要的是，洛克一直在写作他的《人类理解论》。1688 年，这部书的法文提纲在《万有文库》杂志上发表。

1687 年 2 月洛克移居鹿特丹，以便更多地参与政治。在 1685 年查理二世过世后，他的兄弟詹姆斯二世成为国王。詹姆斯二世极其不受欢迎，因为他奉行专制君主政权，并且似乎准备把天主教强加于这个国家。英格兰的反对党计划让荷兰的威廉王子登上英国的王位。信奉新教的威廉王子是詹姆斯二世的女儿玛丽的丈夫。有人怀疑洛克移居鹿特丹的目的，是为了接近和劝说身在海牙的威廉王子。1688年4月，威廉决意支持反对党反对詹姆斯国王，并开始准备他的就任王位的活动。1688年11月，他启程到英格兰。

1689—1704 年伦敦期间

革命以和平的方式完成后，洛克与公主玛丽一起于1689年2月返回英格兰，不久玛丽成为王后。洛克在荷兰5年的流放生涯结束了，他在给林博基的信中这样写道：

○ "我几乎觉得我好像是离开我自己的国家和亲属，因为那些把我们连在一起的纽带比血脉之亲还要强大，而这些纽带在你们中间随处可见。"

那时的洛克已经有56岁。他在他的朋友圈子中享有很好的声誉。不久，由于三部主要著作的发表，他获得了全国性的声誉。在他回国后不久，他的《论宗教宽容》发表。1690年，他的《政府论》也发表了。1690年，他的最著名的著作《人类理解论》，也出版了。

威廉国王给洛克提供了一个大使职位，而洛克宁愿屈尊于申诉专员一职，以便使他有时间从事他的哲学研究。然而伦敦的污染空气影响洛克虚弱的肺部，他不得已又搬家到埃塞克斯，与弗朗西斯先生和玛莎女士生活在一起。从 1691 年到 1704 年他去世，他的大部分时间是在那里度过的。玛莎女士已经是洛克 10 年的老朋友。她和她的家人都欢迎洛克住进她们的家。

尽管他大部分时间是在伦敦之外度过的，但洛克仍然积极参与政治。当时他是所有重要的政治人物的亲密朋友。事实上，他是辉格党（the Whig party）的思想领袖。他对经济学仍感兴趣。他是投资建设英格兰银行的股东之一。他和他的朋友为了改革，组建了一个名为"学院"的俱乐部，这个俱乐部以要求规范货币而避免硬通货贬值而闻名。1692 年，洛克发表了他的早期论文《关于降息和货币增值的几点思考》。1695 年，他又写了一篇文章《关于一篇印好了的论文的体会》，维护他的经济观点。1696 年 5 月，洛克担任贸易和计划事务大臣的职务。从 1696 年到 1697 年在这一新的职位上，洛克是一位积极分子。1696 年夏季，他出席日常会议。

然而，在大部分时间里，洛克主要致力于哲学研究。1693 年，他发表了《关于教育的几点思考》。1694 年，该文的第二稿问世。他的主要兴趣是宗教。1695 年，《基督教的合理性》发表，它拥护一种更简洁的基督教，只探讨信仰的本质。洛克被指控为基督一神论教派的信徒。1695 年在一篇《基督教的合理性的辩护》的文章中，他答复了对他的指控。1696 年至

1697 年，洛克与伍斯特的主教斯蒂林弗利特（Stillingfleet）展开了长期的辩论，斯蒂林弗利特认为洛克的"观念新论"构成了对"三位一体"教义的攻击。洛克写了一篇《就洛克先生论文中的几个段落给伍斯特主教的一封信》。这是回应主教的文章中的第一篇，后者攻击洛克的文章与基督教相冲突。

在埃塞克斯郡的欧特斯（Oates），洛克有许多造访者，包括艾萨克·牛顿（Isaac Newton）。洛克与牛顿不仅讨论科学问题，而且两人对圣经批判感兴趣。还有科学家莫利纽克斯（Molyneux），他与洛克后来成为亲密的朋友。

1697—1698 年的冬季，洛克病得很厉害，他写信给克拉克，希望歇一歇。他说：

○ "我不仅囚禁在房子里，而且也囚禁在椅子上，以至于没有人像我一样真正过着这样一种很少活动的生活。"（1698 年 2 月 25 日）

1700 年，他辞掉了在伦敦的工作。在他生命的最后几年里，洛克致力于有关保罗书信的评论，这一评论在他去世之后于 1705 年发表。

洛克在 1704 年 10 月去世，他把他的私人文件留给他的侄子彼得·金（Peter King）。彼得·金后成为英格兰大法官。这些文件包含 3000 封信和 1000 篇手稿，包括他的账目、笔记和一些日记。

在他的墓志铭中，洛克说，他是由于他的哲学著作而最有名，这些主要哲学著作是：

1689 年，《论宗教宽容》；

1690 年，《人类理解论》；

1690 年，《政府论》；

1695 年，《基督教的合理性》。

墓志铭上所说的，或许在以下意义上是正确的：洛克是一个谦逊而谨慎的人，他热爱并寻求真理，"无论它使人高兴还是不高兴"。然而，通过他的哲学著作不可能去了解洛克这个人，因为，一方面他的学术作品冷静而无情，但事实上，他又是一个非常具有爱心的人。他有深厚而又长久的友谊。他的私人通信以及他许多朋友的证言，都反映出了洛克有特别温和的性格。洛克爱小孩，并经常因此而给自己带来很多麻烦。他曾写信给埃丝特·玛莎（Esther Masham）说："活着就是去到那里，并与自己喜欢的人在一起。"

2

On Locke ——————— 观念新论

《人类理解论》的目的，是探究知识的性质以及人类认识真理的能力。洛克的目的是

"探寻人类知识的起源、确定性和范围，以及信仰、意见和认同的根据和程度。"（I，i，2）

他关心知识的性质和范围，在某种程度上，是为了阐明当时新的力学科学的前景，并劝阻那些对超出我们能力之外的事物的不必要的玄想。玄想助长了怀疑主义。洛克试图避免两个极端——形而上学的玄想和不合实际的怀疑主义。不过，洛克的首要关注是试图表明，道德是人类能力范

围内的恰当的关注对象。

1671 年，洛克开始着手这部巨作，在这一年当中他写了两稿。他于 1685 年写了第三稿。这本书的第一版于 1690 年出版。所有这本书的早期的三种原稿在《相思带》（*Lovelace*）文集中被发现，洛克把这部文集遗赠给他的侄子彼得·金。

很可能是 1671 年初，洛克在与他的五六位朋友进行讨论时，就构思了这部著作。这些人中的一位就是詹姆斯·蒂勒尔（James Tyrrell）。根据他的记述，他们的讨论涉及道德和宗教的性质问题。或许这些争论陷于僵局，因为洛克提出一种新的疑问方式：人类知识的限度。这个小组就要求洛克准备一篇关于这个题目的论文。他就写下他所称之为：

○   "关于一个以前我从未考虑过的主题的一些草率的和未成型的思想（致读者的信）。"

洛克写作本书时，正值他的朋友牛顿和波义耳所拥护的新科学欣欣向荣而又信心十足。整个中世纪被亚里士多德的宇宙观所统治，根据这种宇宙观，宇宙是一件由上帝制造的类似有机物的手工品。人们通常用土、水、气和火四种元素来解释宇宙的变化。地球被描绘成宇宙的不动的中心。

从 17 世纪早期开始，这一中世纪的宇宙观逐渐被一种新的机械论的和原子论的宇宙观所取代。这是一个非常戏剧性的变化。对自然界的研究第一次是以直接的观察和实验为基础，而不是以圣经和亚里士多德的权威为基础。这些解释首次被给予数学的形式，而不再是目的论的形式。各种物理变化第一次被认为应该用几个因果律来解释。这些新的并且难以置信的强有力的思想，首先是由伽利略、笛卡尔和培根倡导的。他们导致了我们的宇宙观和我们的人生观的根本改变。他们导致了物理学和科学方法的发展。在洛克所处的时代，这些是由牛顿和波义耳推动的。

洛克在《人类理解论》中提倡这些新思想。这部著作变得如此有名，以至于它与牛顿的工作一道标志着亚里士多德宇宙观的终结。洛克写的这部著作一方面是为了给新科学提供一个系统的基础；另一方面可能是把它与炼丹术这种伪科学分开。在这样做的过程中，他提出了新科学是作为对中世纪世界观的反对者而出现的观点。

因为这个原因，在称赞了波义耳、牛顿和其他科学家的伟大后，洛克在文中谦逊地这样描述他自己：在科学的道路上"一个清扫地基和清除部分垃圾的劳动者"。我们后来会看到，在这篇著作中，部分是针对笛卡尔（1596—1650 年）的形而上学的争论。笛卡尔的工作被视为经院传统的主要替代物，而洛克想提供一种新的选择。他反对笛卡尔的天赋观念论、心身二元论、关于实体的概念以及对物质的论述。

洛克的目的也是想揭示当时欣欣向荣的力学科学如何在关键问题上与常识一致。这部著作从总体上探索了新科学对一般知识的哲学含义。科学真是告诉我们自然界是什么样的吗？用这种方式，这部著作的目的在于评估科学的前景和描述它的局限性。例如，他宣称我们甚至不知道世界上的事物的真正本质。而且，我们将永远也不能理解物质与精神之间的联系。

一些学者将洛克冠以"经验主义鼻祖"的称号，这主要是因为他强调我们所有的观念都来源于经验。但是，严格地讲，这种对洛克总的描述并不正确。因为重要的理性主义者或者说非经验主义的主题贯穿于洛克的作品之中，特别是贯穿在他对知识的定义以及对本体的认识之中。从某种意义上来说，关于应该称呼洛克是经验主义者还是理性主义者的所有争论都是不合时宜的。这些分类在当时并不存在，它们是后来的发明。不过，在重要的方面，洛克的著作在精神上是经验主义的：他的一贯主张——即揭示所有知识的材料是如何可能从日常的感觉经验获得的——可以被看作取代传统的教条的和思辨的形而上学的一种努力。鉴于此，我们今天也许可以称之为对知识的一种心理学解释。

观 念 新 论

洛克的哲学方法被称为"观念新论"。"观念"这个术语在他的整个著作中处于中心的地位。为了实现他所有的目标，洛克解释知识的性质和根源。简要地说，他的观点是：知识是基于观念的。所以，我们需要理解他的观念概念。

观念是感觉和思维的直接对象。洛克说：

> ○ "任何心智感知到的东西或者任何感知的直接对象——思维或者理解，我称之为'观念'。"（I，i，8）

观念只是作为认知的心理活动的对象时才存在，比如像思维和感知这样的活动。它们不能离开这些活动而存在。而且，思维和感觉总肯定是某物，并且根据洛克的观点，这个物总是心灵中的观念。无论什么时候我们感觉或思考，感觉的直接对象就是一种观念，并且这种观念对于思想或感觉本身是必要的。如果一个人正在思考其他事情，那么他或她就不会有相同的思想。

在洛克看来，观念是感知所指向之物。它们决定感知活动的内容。而且，它们不能离开感知活动而存在。在洛克看来，用当代的语言，我们应该说，观念是感知的意向对象。因此，观念如心灵感知它们那样地存在。

根据洛克的观点，上面所说并不意味着我们不能感觉或思考外在的对象。处在外部世界的物质客体可能是我们感觉和思维的对象。洛克从未否认这一点。他否认的是它们是感觉的直接对象。

什么是观念新论呢？洛克的理论是所有的观念都来自于经验。他首先通过反驳天赋观念论来证明这一点；其次，他详细说明我们的观念是如何来源于经验的。洛克用这种对观念起源的解释得出一种知识论。这个理论容许他评估科学的前景，为道德和宗教寻找一个稳固的基础，并且去反对教条主义。

反对天赋观念论

这部著作的第一卷对天赋观念论进行了攻击。当时，天赋观念论有强烈的宗教上和政治上的内涵：宗教上的意义是，天赋的知识和观念是上帝给予的；政治上的意义是，任何诉诸天赋观念的做法都是权威主义的论证。天赋观念是一些无可争辩的观念。因此，洛克对天赋观念论的反驳是试图把认识论从教条和权威中解放出来。

洛克认为，通过揭示观念不是天生的，他将支持他自己有事实根据的主张，即观念都来源于感知经验。他说：我们的心灵在出生时，就像"白纸；由于没有任何观念，所以，心灵没有任何特征"（II，i，2）。

洛克特别提到有利于天赋观念或原则的一个常见的论据，即某些规则被普遍认为是正确的。例如，主张父母有抚养小孩的义务这个原则是如此得明白，以至于任何一个明白这句话的人都会同意这一点。这种情况被认为是天赋原则固有于我们的理性的证据。

与这个论点相反，洛克宣称，一个原则的普遍接受性并不意味着它是与生俱来的。必须说明这个原则不能从其他途径为人所知。洛克认为，普遍接受的原则是不能被证明的，因为有些普遍接受的原则明显不是天生的，比如，"白颜色不是黑的"（I，ii，18）。

另外，关于道德主张，洛克认为没有普遍接受的原则。所接受的道德可能随着群体的不同而发生变化。洛克提供了一个关于为什么有些原则看来似乎是天生的解释。当我们小的时候，我们被灌输一些道德观念并且我们毫不置疑地接受了它们。我们忘记了我们是通过这种方式来领会道德原则的，因而猜测它们是与生俱来的。

作为回应，天赋观念论的维护者可能会提出，某些原则在我们出生时就在心灵中具有，只不过是在我们智力发展得比较晚的阶段我们才认识到它们。洛克说，这可能意味着两件事。

首先，它意味着，我们有了解某些真理的天生的能力。洛克认为我们确实有天生的能力。对这种能力的否定不是他的哲学的任务。然而，他指出，如果这样，几乎每一个正确的定律都可能被视作是天赋的。

其次，这个回答可能意味着，定律是天生地存在于人的心灵中的。对于这一点，洛克反对的理由是，一个定理存在于心灵之中的唯一证明就是它被理解了；并且除非人一出生就理解它，否则一个定律就不是天生的。

洛克认为，解释知识不需要天赋观念。为了证明这一点，他对思想的起源给了一个确定的解释。他的观点是，所有的观念都是从经验获得的。洛克试图详细而系统地说明广泛的观念是如何可能被这样解释的。

实证的程序

有时人们称洛克为"经验主义的创始人"，因为他的观点认为，知识的材料都是在经验中获得的。在这部著作的第二卷中，他认为知识有两种源泉，我们所有的观念都来源于这里，这就是感觉和反思。通过感觉，心灵从外部对象获得可感性质等简单观念（比如黄、热、冷、硬、甜、苦等）。通过反思我们的心灵是如何对这些感觉观念做出反应，我们获得了心理学上的观念，比如知觉和思维。

洛克把反思定义为"对我们自身心智运作的感知"（II，i，4）。通过反思，我们获得心理观念。理智对感觉获得的简单观念积极地履行了三种基本的操作功能：联结、比较和抽象。通过观察它自己在运作过程中的表现，理智提供了它自身行为的观念，比如怀疑、信念和意志。

简单和复杂观念

洛克的所有的观念都来源于经验的规划要求区分简单观念和复杂观念。简单观念是建构复杂观念的材料。复杂观念由简单观念构成，简单观念本身不再由更简单的观念构成。他认为简单观念是：

○ "心灵中没有组合的，只包含一个单一的表象或概念，不可再分成不同观念。"（II，ii，1）

洛克认为简单观念是经验中的最小单位；一个简单的观念不可分解成若干个不同的观念。因此，他又以这样的特征来标识简单观念，即简单观念的名称不能被定义。例如，"红"是一个简单观念，因为它不能再分成任何更简单的观念，因此"红"这个词不能被定义。洛克认为有四种简单观念，它们是：

①只通过一种感觉获得的观念，比如味道和颜色；

②通过不止一种感觉获得的观念，如空间中的广延、形状和运动；

③一些反思，洛克再把它分成思维和意志（洛克称为思维的能力——理解力；意志的能力——意志力）；

④既通过反思又通过感觉获得的简单观念，包括痛苦和欢乐，以及力量、存在、统一和连续的观念。

洛克观念论的本质是，所有简单观念都来自感觉或反思，并且所有复杂观念都来源于我们的心智对简单观念的加工。这意味着，所有的观念都来源于感觉和反思。大脑通过对简单观念进行联结、重复和比较而形成复杂观念。它可以用无数种方式这样做。这就是为什么我们会产生怪物的观念和一些我们从未见过的东西。

心智积极地建构复杂观念时，它也消极地接受经验中的简单观念。洛克认为，心智不能发明新的简单观念，而只能消极地接受经验中被给予的东西。让心智构造或发明新的简单观念，像让盲人拥有颜色观念一样是不可能的。

为了能系统地捍卫所有的观念都来源于经验的主张，洛克根据心智的运作对复杂概念进行分类。当观念被综合起来，它们就形成实体（Substances）的观念，例如"金"。同样通过综合，心智形成样式（Modes）的观念，这还可以再分成简单样式和复杂样式。当对没有联结的简单观念进行比较时，它们就成为关系（Relations）的观念，比如"……高于……"。一般观念是大脑抽象加工而来的（见下面）。洛克关于实体、样式和关系这些复杂观念的讨论，是这部著作第二卷的中枢。

《人类理解论》分为以下四卷：

第一卷：包含反对天赋观念论的观点。

第二卷：标题为"观念"。基本的目的是，说明实体、样式和关系这些复杂的观念是如何形成的。它包含洛克对第一性的质与第二性的质、心身之间的关系以及个人认同这些著名的讨论。

第三卷：是"话语"。包含洛克的语言理论和他对实际上和名义上的本质的划分。

第四卷：是"知识和意见"。在这本书中，洛克解释了他的知识论。

抽 象 观 念

感觉获得的简单观念总是个别的。我们感知个别的形状、特殊的颜色。抽象是心智的活动。通过心智的活动，这些个别的简单观念便转变为一般观念，如"三角形"和"颜色"。我们后面可以看到，洛克对一般观念和抽象观念的形成的解释，对维护他的反柏拉图主义的立场是很重要的，这种立场主张只有个别事物才存在。他说："所有存在的事物都是个别的。"（III，iii，6）

在第二卷中，洛克把抽象的过程描述为：大脑感知到一个复杂的观念，然后聚焦于这个观念的某一方面。例如，我们认识到"白"是我们关于"粉笔"和"雪"的观念的一部分。通过在这方面的聚焦，我们获得了"白"这个一般观念。在第三卷中，洛克对抽象过程的描写略有不同，即省略掉一组个体之间的差别而只保留它们的共同特征。（III，iii，7）例如，我们集中彼得、詹姆斯、玛丽和珍妮的共同特征，因此获得了"人"的一般观念。

一般观念是不确定的。洛克说，"三角形"的一般观念是：

> "它既不是斜三角形，又不是方三角形；既不是等边三角形、等腰三角形，又不是不等边三角形；但是，它既是所有这些，又不是所有这些。"（IV，vii，9）

这一段使一些读者感到迷惑。它经常被引用在对洛克的讨论中，因为贝克莱主要以这一段及其蕴涵的内容为基础来批判洛克的抽象观念论。贝克莱的批判是，抽象的观念是不可能的，因为它们是由内在矛盾的部分组成的。这个评论威胁到了洛克的整个学说，因为一般观念对人类理性显然是重要的。我们需要一般观念进行比较，并将性质归属于事物。如果洛克不能阐明一般观念，他的规划就会失败。

然而，洛克的意思并非是说，"三角形"的一般观念是内在矛盾的。他并不是说，一般观念由一些相互矛盾的部分构成。他的意思是说，一般观念是由一些本身相互矛盾的观念抽象出来的。洛克的意思是说，"三角形"的一般观念是不确定的。它不是一个确定类型的"三角形"的观念。洛克能证实这一点，因为观念是感觉的直接对象。心灵感觉它们拥有哪些性质，它们就具有哪些性质。例如，想象一下一只蚂蚁爬过一个地方。蚂蚁的前左脚有毛吗？如果你回答说没有，那么你看起来好像在断定那只蚂蚁有一只没毛的前脚。一个更好的回答是说，你所形成的这个图景是不确定的。同样，"三角形"的一般观念是不确定的，而不是说它是相互矛盾的。

通过揭示观念是如何获得一般的或是抽象的内容，洛克解释了在一个只由个别事物构成的世界上语言和思想是如何可能的。

3

On Locke ——————— 第一性的质
和第二性的质

物质客体真有颜色吗？洛克的关于第一性的质与第二性的质的区分试图回答这个问题。还有一个更一般性的问题："物质客体到底是什么样的？"这个问题证实了由当时最重要的科学家所提出的物质的微粒理论的哲学意义。洛克使得对第一性的质和第二性的质所作的区分成为哲学常识。这个区分先是由伽利略和笛卡尔提出的，但洛克将之陈述得如此清晰，以致于这个区分几乎是无可抗拒的。

洛克区分观念和性质，大脑中的观念是感觉和思维的直接对象，而性质则属于外在的对象。第一性的质是任何对象本身固有的，而第二性的质则只是一个对象在我们头脑中产生某些观念的能力。

新的物理理论

洛克认为，物理世界是由微粒组成的。这意味着，所有的物体都是由微小的粒子或原子组成的，而不是由别的东西组成的。而任何物质的特性是由于构成它的原子的排列方式，即它们的各种形状、大小、运动和位置不同引起的。此外，根据洛克的观点，物体的任何变化是由于物体之间的相互影响产生的。或者说，所有的因果联系都是力学联系。

这种微粒理论（Corpuscular theory）一方面，应该与传统的亚里士多德主义的宇宙观作对比；另一方面，应该与笛卡尔的物质理论作对比。在洛克生活的年代，大学里仍然按照中世纪的亚里士多德主义的观点进行教学，这种观点认为宇宙是由土、水、气、火四种元素构成的。另外，根据这种观点，物理世界的变化可以用目的和这些元素的自然趋势来解释。

这一中世纪的世界观首先受到笛卡尔的物理理论的挑战，这一理论大约于 1630 年提出。笛卡尔认为，所有的物理变化可以用一些因果的数学法则来解释。在这种意义上来说，笛卡尔的物理学是机械论，并且是波义耳后来提出的微粒理论的前身。然而，笛卡尔肯定了物质具有空间上的广延性。结果，他的观点里有两种含义让像波义耳这样的微粒理论家不能接受。首先，笛卡尔的观点暗含着，所有物质可以无穷地再分，像空间一样，因而不存在不可分的原子。原子论主义者不同意笛卡尔这方面的见解。其次，笛卡尔通过把物质与空间的广延性相等同，排除了真空存在的可能性。笛卡尔把宇宙看作是根本不存在任何空白地带的旋转着的物质旋涡。相反，原子论主义者认为原子是被真空隔离的不连续的物质。

洛克关于第一性的质、第二性的质的区分，源于他试图把微粒理论应用于感觉。我们应该用我们感官上的粒子活动来解释我们对第二性的质的观念的感知。这是因为，除非通过不可感知的细小微粒，否则，没有其他感知事物的方式能影响感觉者的感官。通过这种机制，身体必然会产生观念，因为没有其他的因果联系形式。如我们现在说的，我们对颜色的感知是光波作用于视网膜的缘故；我们对声音的感知是由于空气中分子运动波作用于耳朵的缘故。洛克时代的科学家不像我们今天那样对机制的细节有明确的了解。然而，他们清楚地知道，感知只有根据某一机制才会起作用。

洛克提出需要这样一种机制，然而这种机制却还不完全。感官知觉也是一种心理或精神上的作用：

○　　　　"如果不注意其内在的东西，无论我们对其外在部分有何印象，都不会产生感知。"（II，ix，3）

洛克认为，这些观点表明了区分第一性的质和第二性的质的必要。

分　类

在感觉中需要一种因果机制是洛克的著名理论的基础。洛克用如下方法进行分类。物体的第一性的质是"不论物体处于什么状态下，那些性质都完全不会脱离物体而存在"（II，vii，9）。无论它们是否被感觉到，这些物质本身所具有的性质包括硬度、形状、空间、运动和数量。对一个物体再进行分类，也不能去掉这些性质。洛克也认为，我们对第一性的质的观念与物体本身的性质真正相似。

颜色、味道、声音等是第二性的质的观念。洛克认为，第二性的质本身并不是物体本身固有的，而是"通过物体的第一性的质作用于我们身上而产生各种感觉的能力"（II，vii，10）。第二性的质的观念的产生是"看不见的微粒作用于我们的感官引起的"（II，vii，13）。

第一性的质与第二性的质的区别表现在两个方面。

①首先，第一性的质是所有物体的内在性质。相反，第二性的质只是物体中能使我们产生某些观念的能力。这些第二性的质的能力必须在物体中有一个真实的基础，这个基础就是组成物体的微粒的第一性的质。物体的颜色仅仅是某些微粒及其第一性的质的排列的结果，而这就是物体使我们产生颜色的观念或感觉的能力的基础。

②洛克的分类理论的第二部分称为相似理论。第一性的质

的观念与第一性的质相似，而第二性的质则与物体根本不同。我们的颜色和声音等的观念与第二性的质不一样，第二性的质仅仅是使我们产生颜色那样的观念的能力；这些观念也与产生这些观念的能力的基础不一样，后者就是微粒的第一性的质。

洛克对分类的解释比笛卡尔和伽利略更巧妙和先进。这两位早期的学者倾向于反对颜色是大脑形成的关于物体第一性的质的观念。他们没能把第二性的质的观念和第二性的质本身区别开来。而洛克则把颜色的观念与作为物体的性质的颜色区别开来。

然而，洛克的读者应当意识到的是，他对分类的解释在许多地方存在细微的误导。首先，洛克开始时把性质定义为一种能力。这种解释容易引起误解，因为第一性的质不是能力；它是物体的内在性质，并且是某些能力的基础。另一方面，第二性的质是能力。其次，当洛克说第一性的质是主要的，是因为无论它们是否被感觉到，它们都存在于物体中；这错误地暗示着，第二性的质没有被感觉时，第二性的质可能不存在于物体之中。即使是洛克自己的表述，这也是错误的。即使在它们没有被我们感觉时，有色客体仍然有能力使我们产生某些观念。

关于分类的论证

关于第一性的质和第二性的质的分类，洛克作了几种论证。首先，他认为物体的分割不能去掉它们的第一性的质，这表明第一性的质始终与物体不可分离。在这个意义上讲，它们是物体所固有的。相反，物质的微粒没有第二性的质。这表明第二性的质不是物体所固有的。捣碎一个杏仁，会改变它的颜色和味道。

第二，洛克把第二性的质的观念与痛、恶心的感觉作类比。物体使我们产生了疼痛，而物体中并没有与"疼痛"相等同的任何东西。第二性的质的观念也一样。物体本身不存在与温暖的感觉或白色的经验相类似的东西。

第三，洛克指出了一个明显的感知错觉：一碗温度适中的水可能使一只手感觉冷，而使另一只手觉得热。洛克认为这种感觉的不同只能用微粒理论来解释。在水中和在双手上，微粒的运动肯定是不同的。通过使用这个例子，洛克让我们思考感觉变化的物理基础。例如，当光线暗淡时，我们不能看到物体的颜色。这并不意味着物体失去了它们的色彩。物体本身没有变化。它们维系了让我们产生感觉的能力，所以维系了它们的颜色。这一现象的解释就是：允许我们看到颜色的因果机制被光线的暗淡破坏了。

洛克用这样的例子说明了，科学的微粒理论足以解释感觉的因果机制。而且，它与我们的常识是一致的。然而，微粒理论没有给出理由使我们相信我们的颜色、声音和其他第二性的质的观念与物体的性质相似。在这一方面，洛克支持相似理论。而且，微粒科学单单用第一性的质解释了颜色和其他第二性的质。科学并没有坚持第二性的质是物体本身所固有的。相反，科学只是用第一性的质解释了它们。

根据洛克所述，物体真有颜色吗？最后，问题取决于颜色是什么这个问题。如果它是我们大脑中的观念，并且物体中没有与那些观念相似的东西，那么，外在物体就没有颜色。像"绿色"这样的词是代表个人感觉经验的某些特征而不是外在物体的特征吗？如果洛克对这个问题的回答是"是"，那么，更准确地说，他的理论隐含着物体没有颜色的思想。如果洛克对这个问题的回答是确认颜色单词指的是性质，那么更公平地说，他的观点是，物体是有色的。

一方面，他的理论隐含着物体没有颜色。这是因为，物体中没有与我们颜色观念相似的东西。然而，另一方面，这个理论也不否认物体是有颜色的。因为一个物体有颜色就是指，该物有一种与我们的感官相关的特别的能力。洛克的分类暗含着该物体真有那种能力。所以，它们有颜色。

相似

洛克认为第二性的质的观念，如颜色，与第二性的质本身不相似。这是因为，这些第二性的质只是在物体微粒的第一性质的基础上产生的能力。同时，洛克认为，第一性的质的观念与第一性的质本身相似。我们如何理解这种相似呢？

爱尔兰哲学家贝克莱（1685—1753）批判了洛克的相似

观点。首先，他抱怨洛克的观点不一致，因为洛克同时主张：

①我们只能察觉到我们自己的观念，并且

②我们的第一性的质的观念与性质本身相似，而那些第二性的质的观念却与性质本身不相似。

贝克莱认为①和②不一致，原因是，相似需要具有可比较性，而①暗示着观念和性质没有可比性。换句话说，②需要被①所排除在外的东西。

最终这个批评被用来反对洛克的知觉论。我们在此章的后面将会审查这一点。大体而言，洛克会对这种批评做出如此回应，即他没有确认上面①的内容。洛克可能会说："我不否认，我们感知外在物体。相反，我确信我们确实能感知它们。我否认的是我们直接感知它们。"

贝克莱还认为第一性的质的观念与第二性的质的观念在同样程度上受幻象的支配。洛克在第二性的质的观念中论及感知幻觉。比如，相同温度的水可能一只手觉得它热，另一只手觉得它冷。贝克莱回答说，那样的幻象也适用于第一性的质的观念。远看物体，看起来小；走近看，它们显得大。垂直看一枚硬币，它可能呈圆形；换一个角度看，它的形状看起来像是椭圆的。贝克莱认为，这些情况看起来与第二性的质的观念的幻象的例子极其相似。

对洛克的这种批评，似乎没有达到目的。贝克莱设想洛克的观点是：

①我们容易产生第二性的质的感觉幻象，而不是第一性的质的感觉幻象；

②因而，对于第一性的质而言，我们的观念确实与世界相类似；关于第二性的质，却不是那样。

然而，事实上，洛克根本没有给出这样一种无效的论据。相反，他的观点是，用因果关系的微粒理论最能解释这些幻象，并且这个理论要求物体和微粒真正具有第一性的质，却没有与第二性的质的观念相似的性质。

第一性的质与它相应的观念之间的相似之处是什么呢？根据洛克的一个解释，我们必须区分固定的或明确的性质（如一种特殊的形状或颜色）与可决定的性质（如有色的或有一种形状的）。相似论是关于可决定的性质而不是固定的或明确的性质。相似理论解释如下：关于第一性的质，事物看起来或者显得像是它们自身所是；看起来有形状的事物真的有形状。而对于第二性的质，如颜色，事物看起来并不如其所是；看起来有颜色的东西事实上并没有颜色。

知 觉 论

洛克提出了一种知觉的表象主义理论。根据这个理论，我们直接认识到我们自己心里的观念。这些观念表象外部世界的客体，而这些客体是产生观念的原因。根据洛克的观点，观念表象客体这一事实允许我们宣称，我们间接知觉了外物。

表象理论应与直接实在论以及现象主义进行对比。一个直接的实在论者认为知觉的直接客体是外物，这些外物不依赖我们的感知而独立存在。现象主义者声称，我们所称之为外在客体的对象仅仅是对感觉资料或观念的逻辑建构，并且，关于外在客体的陈述，是在一定条件下我们感知客体的非事实性的或假定性的陈述。

洛克的知觉论与这两种观点不同。根据洛克的理论，物质客体独立于我们的感知而存在（这样它就与现象主义不同），但是那些外物不是知觉的直接客体（从而它又与直接实在论不同）。

洛克的理论看起来像是常识。然而，它面临一个问题，即当我们直接感知的仅仅是我们自己的观念时，我们如何能够了解外物？尤其是，如何知道我们的观念是外物引起的，并且有时候与外物是相似的？洛克的间接感知外在客体的观点依赖于这样一种主张，即知觉的观念表象外在客体。如果没有第二点，洛克不能合理地提出第一点。他如何能断定观念与物体相似，并且代表着它们呢？

洛克自己认识到这些问题，他问：

○ "当大脑仅仅是感知自己的观念时，它又是如何知道，这些观念与事物自身是相符合的呢？"（IV, iv, 3）

洛克从四个方面做出了回答。第一，他解释了感觉观念是如何给我们提供了外部事物的存在和性质的证明——即使我们不能直接感知到外物。那些观念并处于我们的意志的直接控制之下。所以，它们不是我们产生的。因此，认为它们是外物引起的是有合理性的。

第二，不同的感觉互相支持。它们一起证实外物的性质。例如，洛克主张像空间、形状以及运动这些性质，不只由一种感觉，而是由视觉和触觉得出的。洛克说：

○   "在成人身上，我们通过感觉接受的观念经常被我们不知不觉的判断所改变。"（II, ix, 8）

洛克给出了这种现象的一个例子。假设我看到一个纯色的球。视觉观念本身总会是一个"平的明暗不同的圆圈"。然而，事实上，我把那个球看作是一个球。这是因为两种感觉相互作用的结果，触觉影响视觉。我们用我们触觉的事物来解释我们所看见的事物。或者说，我们的感觉受知觉判断的影响。这显示了感觉是如何共同作用的，并且在洛克看来，这些感觉同时揭示了外部客体的第一性的质。

洛克通过想象一个盲人通过触摸能分辨一个立方体和球体的事例来强化他的观点。假如盲人恢复了视力，洛克问：他能仅仅用视觉而不用触摸它们，就能分辨这个立方体和球体吗？

洛克从莫利纽克斯那里借鉴了这个例子，洛克认为那个盲人不可能。这是因为视觉和触觉按惯例联系在一起，并且由于惯例，我们可以用触觉到的东西解释视觉看到的东西。

第三，洛克对怀疑主义不予理会。期望超出感觉所能提供的证据是不合理的。例如，期望给外物的存在一个逻辑证明是错误的。这些事物不可能十分确定地为我们所了解。甚至，我们不需额外的证据。感觉提供给我们关于日常生活的实际方面所需的所有证据。洛克反驳了一般的怀疑主义。没有一个怀疑论者能够确定自身的观点是什么，因此没有一个怀疑论者能不同意洛克的主张。这样，洛克认为怀疑论有效地驳斥了其本身。

第四，洛克承认我们完全忽视了外在客体引起观念的方式。他说，我们不知道我们的观念是如何产生的。总的来说，他认为，事物与心智之间的联系，对我们来说是不可理解的。正如我们将要看到的，这最后一个观点在洛克的哲学中具有重要意义。它为科学知识设置了一个总的限制，这点具有许多具体的后果。

洛克成功地避开了关于他的知觉论的明显的怀疑主义的暗示吗？我们该如何评价洛克的答复呢？与其回答这些问题，不如让我们考虑可选择的观点。关于怀疑主义的论据如下：

①我们只能直接感知我们自己的观念。

②如果我们只能直接感知我们自己的观念，那么，我们就不能拥有关于外部客体对象的知识。

③因此，我们不能拥有关于外部客体对象的知识。

这个图解式帮助我们对不同观点进行分类。怀疑论者认为，既然这些假设是正确的，并且论据是有效的，那么结论应是正确的。另外，直接实在论者可能会这样主张，因为结论是错误的，而第二个假设是正确的，那么第一个假设肯定是错误的。用这种方式，直接实在论者认为，我们并没有感知到我们自己的观念，但我们能直接感觉到所谓的外在客体。

洛克同意辩论中的第一个假设，而不赞成结论③。他认为第二个假设是错误的。他主张，尽管我们仅能直接意识到我们自己的观念，我们仍然能拥有关于外部世界的知识。

4

On Locke ———————— 实体

所有的观念都可能起源于经验吗？为了表明它们可能，洛克将复杂观念分成三类：实体观念、样式观念和关系观念。对于每一种情况，洛克都想证明，复杂观念是如何通过各种心智运作而源于简单观念的。洛克主张，大脑对简单观念来说完全是被动的，但可以主动地把简单观念组合成复杂观念。这些活动是联结、抽象以及比较等心智运作。通过显示我们如何形成复杂观念，洛克的目的是证明他的经验主义的原则，这些原则他将用于评价知识的限度。

样　　式

　　根据洛克，样式依赖于实体的存在。实体是自身独立存在的特定事物，而样式则依赖于实体。

　　洛克把样式分成简单样式和混合样式。简单样式是同一观念的不同联结。它是通过扩充和联结同一种简单观念而形成的。在简单观念之中，洛克包含空间、时间、数字以及无限等观念。例如，空间的观念是通过重复我们在经验中遇到的广延而建立起来的。数字观念的形成也是同样的道理。

　　我们的混合样式的观念根源于不同类型的简单观念的联结；混合样式的例子是胜利、谋杀和醉酒。洛克对混合样式的解释在其整个哲学中起着重要的作用，在后面我们将会说明。

空间

　　洛克的空间概念可以与笛卡尔和牛顿的空间概念进行对比。在洛克生活的时代里，由于1687年牛顿《原理》（*Principia*）的发表，笛卡尔在物理学方面的伟大贡献的影响开始减弱。根据笛卡尔的观点，物质等同于空间上的广延。根据这个观点，物理学不需要不可入性这个观念，因为物质完全可以用几何形式表示。它也暗示着一个真正的真空是不可能的。与这种观点相反，洛克认为，物质客体通常被认为既具有广延又是坚硬的，并且这些表述不是同义的。而且，两者不能等同，因为空间对物质客体不存在抵触，客观事物却互相抵触。此外，虽然空间是不可分的，但是物体的组成部分可以分开（II，xiii，14）。因而，物质与空间并非同一。为了加强这个结论，洛克提出，他赞成真空存在的可能性。他主张，运动始终需要空的空间存在，以便物体能够进入。而且，如果上帝毁灭一个物体，那么将会产生一个真空。所以，物质与空间不是一回事，因而，除了广延性以外，不可入性也是物质的一个特征。

洛克反对笛卡尔的理论，并不意味着他接受牛顿的关于空间的观点。根据牛顿的观点，空间是一个无限的实体，就像一个本身不动、而里面的物体移动的容器。洛克反对这种空间的实在观点。在1678年的日记中，他写道：

O "空间似乎是一种能力或可能性，它允许广延的物体存在。"

也就是说，洛克断定，空间不是一个真正的实体，而是仅仅具有让物质客体存在的可能性。后来在他的著作中，洛克主张，唯一能代替空间这个关系的观点，就是把空间当作上帝（II，xiii，27）。根据洛克的观点，这可能是我们知觉确实的、绝对的以及无限的空间的唯一方式。洛克不赞同这样的等同。然而在提出这是作为空间关系理论的唯一替代选择时，洛克含蓄地批判了牛顿的理论，牛顿把空间设想为一个绝对的、无限的、与上帝不同的东西。

洛克关于空间的讨论的主要目的是，说明空间观念是如何来源于经验的。他认为，距离观念是一个简单的感觉观念。空间这个一般观念源于距离这个简单观念的重复。

数字和无限

洛克解释了我们如何从经验中获得数的观念：经验给我们一个单元的简单经验。任何数字仅仅是一个单元的重复。当然，这种解释仅仅局限于整数而不包括分数。

为了维护他的经验主义立场，洛克需要提出无限的概念可以是从经验中获得的主张。他通过提出无限只是一个无穷的发展过程的观念，来维护他的经验主义立场。无限纯粹是一个数量的概念。根据洛克的观点，这是我们拥有的关于无限的唯一清楚的概念，它是一个能用感觉经验解释的观念。它是一个无穷重复的单元概念。

明确地说，洛克认为无限这个数字观念不是直接反思或感觉到的。相反，他认为它是心智对一个单元的简单观念进行加工的结果，而一个单元的简单观念本身是由感觉来的。这样，无限的概念同任何一个数字一样也是来源于经验。

通过提出我们关于无限的唯一概念是数量概念，洛克声明，上帝的无限性超出我们的理解之外。尽管我们认为上帝是无限的，并且通过启示我们知道上帝不仅仅是一个数量，但是我们对上帝的无限性没有确切观念。这是洛克反对确定的无限观念的论证的基础，也是他维护经验主义、反对无限观念并非源于经验的论点的核心。洛克关于无限性的章节也对理性主义者的无限概念构成了攻击。例如，斯宾诺莎提出单一的无限以及绝对实体的存在。与斯宾诺莎相反，洛克认为，这个一个宇宙的概念需要一个确定的无限概念，而后者是我们所没有的。

混合样式

简单样式是大脑重复一个单一观念的结果。这就是我们如何建构了空间、时间、数字以及无限的概念。也有每一种感觉的每一个观念的简单样式。例如，每一个口语单词都是声音的一种不同样式。

相比之下，像"义务""醉酒"以及"谎言"这样的混合样式，是通过联结不同的简单观念而形成的（II，xxii，1）。总的说来，洛克否认混合样式的真实性。它们是：

○ "简单观念的联结，不是被看作是稳定存在的真实事物的特征标志，而是心智集中起来的分散的和独立的观念。"（II，xxii，1）

与实体相比较，样式是依赖性的存在物，而实体是独立存在的。在复杂观念中，心智联结某些观念，而这些观念可能不反映任何真实的东西。

普 遍 实 体

实体概念在哲学史上一直具有重要的地位。亚里士多德使得实体概念成为他的形而上学的基石；他提出实体是第一存在物，或者说，其他形式的存在着的东西，如性质和关系，其存在依赖于实体。在亚里士多德的概念里，定义实体的努力也就是试图界定现实的本性。

洛克对实体概念的讨论始于第二卷的第 23 节，该文的不同解说者对它的理解大相径庭。因这个缘故，我将简述对洛克观点的传统解释，然后说明为什么许多今天的注释者认为，传统解释可能是对洛克文本及其意图的错误解读。

洛克追随继承亚里士多德主义传统，他把单个实体解释为具有性质，并且它本身不是其他事物的性质。他区别：

①特殊的实体或客体的观念（比如太阳或一朵特定的玫瑰的观念）。

②不同类型的实体观念（比如金、铅、氧等观念），以及

③更抽象的普遍实体的观念。

传统的解释

根据传统的理解，洛克揭示了在①和②意义上的实体观念是如何依赖于一般意义上的实体概念，他把一般意义上的实体看作是一个纯粹的基质（Substratum）。根据这种解释，洛克力图说明为什么在下面三步中我们需要一个纯粹的基质概念（II，xxiii，1）。

①通过对感觉观念的规律性的反思，我们注意到某些简单观念总是联系在一起，我们对它进行联结形成复杂观念。例如，一个樱桃的可感性质通过感觉进入大脑，并且我们发现这些性质是联系在一起的。

②我们假设性质的联结肯定有一个不为人知的核心，或者说这些性质肯定有一个它们赖以存在的基质。用这种方式，我们形成了一个特定实体的观念。这样的一个观念来源于我们的基质观念，以及在一起出现的简单观念的联结。

③通过对许多这种情况的抽象，我们又获得了基质的一般观念，即纯粹实体的一般观念。

根据对洛克的传统理解，纯粹实体的一般观念假设一个物体的所有性质都得有个支撑点。或者说，根据洛克的观点，既然性质不可能独立存在，我们可以推断这些性质肯定有一个它们赖以存在的基质。洛克引入纯粹基质的观念来回答这样一个问题："是什么支撑性质，并把它们联结到个别事物中去呢？"

根据这种解释，所设想的实体没有固有的本性。它区别于所有的性质，因为它是一个客体的所有性质的支撑点。实体是构成一个客体的所有性质的基质。由于区别于所有的性质，如此理解的实体本身是无性质的。除了支撑它的固有性质外，实体没有本质，并且因为它没有确定的本质，所以不能把它等同于任何一种特殊实体。因此，被理解为基质的纯粹实体这个一般观念必须与特殊类型的客体的观念，如银、金或氧，区别开来。

我们归纳洛克的推理，显示出一个纯粹基质概念的必要性（根据传统的解释）如下：取任何一个个体为例，如一只杯子。这只杯子有许多性质或特征。这些性质是普遍的特质，而杯子本身是一个特殊的个体，所以，杯子必须与它的任何一种性质不同。由于不同于任何一种性质，所以杯子肯定与所有的性质不同。然而，性质不能独立存在；它们必须附属于某物。由于这个原因，我们需要一个基质的观念，在那里，性质附属于它，并且它自身不同于所有的性质。或者说：

①任何客体都是不同于它的每个性质的，

②因此，一个客体不同于所有它的性质。

③性质不能独立存在，它必须附属于一个实体，

④因此，任何客体是一个不同于其所有性质的实体。

任何特殊的客体都是由一个纯粹基质加上其固有的性质组成的。存在不同种类的实体这种观念可以这样解释，即粘着于一纯粹基质之上的性质系列，而此纯粹基质可被称为"纯粹普遍实体"。

传统理解的问题

对洛克的传统理解方式提出了三个问题：

①这种理解与洛克的经验主义一致吗？

通过把普遍实体的观念等同于一个纯粹基质概念，对洛克的传统理解显然是使纯粹普遍实体的观念成为洛克经验主义理论中的一个反常的部分。这样一个由纯粹基质解释的概念如何可能从经验中获得，这是难以理解的。

洛克确认所有的观念都来源于经验。然而，看起来我们不能从经验中获得一个纯粹基质的观念。然而，很显然，洛克认为我们显然需要这样一个观念。逻辑和推理似乎需要这样一个概念，而经验却否认这个概念。在对洛克的传统的理解中，很显然在洛克的经验主义与他对理性的需要之间存在着冲突。

洛克意识到了这个状况。他说我们通过感觉或反思不能获得纯粹基质的观念。他也认为这个观念是混乱的，并且声称如果有什么观念必须是天生的，那么，它就是这个观念（II，23，27）。显然，洛克承认，纯粹普遍实体的观念与他的经验主义观点在思想起源上是不一致的。那么，他是如何解决这个冲突的呢？

根据传统的解释，尽管有对矛盾的谈论，洛克的确认为，纯粹基质的观念能够来源于经验。大脑感受不同性质的观念，这些观念不是孤立的而是联结一起的，而这种联结是感受实体观念的基础。

②这个观念与微粒说相符合吗？

基质的观念似乎与洛克的微粒哲学的主要主张也是相矛盾的。根据微粒哲学，所有的物质微粒都是由粒子或原子而不是其他东西组成的。

③我们真需要这个概念吗？

为纯粹基质的较早论证的一个问题是从前提①到前提②这一步。这一步犯了构成的谬误。因为一个客体不同于它的每个单独的性质，我们不能得出该客体不同于它们所有性质的集合体的结论。

关于整个论证，可能有一个更深的问题，因为它提出了一个二元选择：要么一个客体仅仅是它所有的性质的集合而不是任何别的东西，要么是不同于性质的某种东西。这个论证试图说服我们在两者中选择后者。这个二分法本身是成问题的。如果没有实体的性质观念是荒谬的，那么没有性质的纯粹实体的观念当然同样是荒谬的。

这种论证要求在客体和它的所有性质之间进行一种非法的比较。如果这个比较是不合理的，那么我们不应该确认杯子是不同于它的任何性质的东西，或确认杯子就是那些性质而不是其他东西。两种情况都依物体与它的性质之间的比较而定。两种情况都依赖于实体与性质之间差异的特征缺乏。每个实体肯定是一个特殊类型或种类的实体，因此，它必定具有一些性质。提出"实体区别还是等同于这些性质"这样的问题是一个错误。

如果性质既不等同于也不区别于包含它的实体，那么这个问题本身就是错误的。

其他一些解释

传统理解准确地描述了洛克的观点了吗？洛克真的接受纯粹基质的观念了吗？我们看到，有三条理由希望他不会接受。这些观点给我们一个理由寻求阅读文本的另一种方式。当然，它们并不自动意味着存在着那样一个方式。

在几种替代性的解释中，或许最有名的是米歇尔·艾尔斯（Michael Ayers）的阐释。他认为，洛克把普遍实体的观念等同于普遍的真实本质，而不是等同于一个成问题的纯粹基质的概念。洛克认识到世界上有不同种类的实体，如金和铅。洛克用不同实体具有不同的因果能力发展了这个概念。他说因果能力"构成实体混合观念的一大部分"（II，xxiii，7）。在著作的第三卷中，洛克通过区分真实本质和名义本质，进一步采纳了这种观念。一种实体类型如金或铅的真实本质是实体的结构，这一结构解释了同一类型的实体共同具有的可观察的特征。金有一个基本的原子结构，这个结构是说明金子的颜色、韧性、重量等等原因的。这个结构就是它的真实本质。在下一章中，对洛克的真实本质的观念将作更全面的解释。

艾尔斯认为，对于洛克来说，普遍实体的观念不是区别于其所有性质的实体，而仅仅是可规定的观念，而特定的真实本质则是这一观念的具体规定。或者说，洛克的"普遍实体"指的是一般的真实本质。根据艾尔斯，洛克没有接受纯粹基质的观念，以及为了引入此概念所作的成问题的论证。用这种方法，艾尔斯对洛克的阐释是有吸引力的，因为它明显地解决了前面提到的洛克观点中的异例。

其他一些评论者也拒绝了那些认为洛克支持纯粹基质的观念这种主张，但是没有像艾尔斯那样把实体与普遍的真实本质等同起来。他们认为当洛克讨论纯粹基质的观念时，他仅仅是指涉日常讨论中常用的哲学观点，而并没有赞同这个哲学观点。

洛克在第二卷的第十三节关于空间的部分中，也讨论到实体的本质。著作中的这一部分证实了洛克并未认同基质观念的说法。他讽刺地写道：

○   "我们不知道它是什么，它只不过是一个不合逻辑的、模糊的东西。"（II，xiii，19）

洛克讲了一个人的故事，这个人声称世界是由一只大象支撑的。什么支撑大象呢？一只乌龟。洛克讽刺说，如果那个人已经思考了"实体"这个词，他将无须这些动物。

这些对洛克的替代理解比传统的理解更能切合洛克的总体意图。洛克的目标是确认实体观念，以便指明这个概念是一个几乎没有内容、模糊、不合逻辑的概念。这样，他能解除任何在哲学上运用这个概念的企图。

用这种方法来理解的话，洛克关于实体的观点构成了一种瓦解经院亚里士多德主义世界观和笛卡尔哲学的企图。笛卡尔继承了亚里士多德关于实体的观念并把它用于证明其心物二元论，洛克则反对这种观点，正如我们后面将会看到的。

关系：因果性

洛克把复杂观念分成三种类型。由关系观念组成的第三种类型来源于对其他观念进行比较的心智活动。像"母亲""高一些"这样的单词代表关系的概念。为了支持他的关于观念起源的经验主义主张，洛克主张所有的关系观念来源于我们的简单观念（II，xxv，9）。他特别考察了原因和同一性这些关系观念，两者在洛克的理论中都被认为是天生的或者是不可解释的。我们将在第六章审查他的"同一性"理论，现在我们简要地聚焦于因果性观念。

英国后来的经验主义哲学家大卫·休谟（David Hume，1711—1776）辩护了怀疑主义的结论，这种观点认为因果观念作为事件之间的必然联系不能得自于对经验的抽象。休谟宣称，我们没有必然联系的感觉印象，而只有事物交替出现的感觉印象。休谟认为，我们不能感知一个事件产生另一个事件，而只能感知我们的简单观念中的规律性。休谟晚期的作品强调了洛克对因果性的关注。这个观念是如何从经验中获得的呢？休谟认为，那是不可能的。

然而，洛克没有对因果性持一种怀疑主义的观点。他把原因定义为"使任何事物……开始存在的东西"（II，xxv，11），并且特别提到因果性概念的重要性。它是"最广泛的关系"（II，26，2）。而且，他在他自己的理论中使用了这个概念，例如，将第二性的质定义为因果能力。

因为这些原因，与休谟的后期观点相反，洛克认为因果概念作为事件之间的必然联系可以来源于经验。但是，这是如何可能的呢？洛克主张原因这个复杂观念不是单独来源于感觉，而且还来源于内省或反思。通过反思，我们发现，只要我们有意愿，我们就可以移动我们的胳膊，或者身体的其他部位。洛克认为，我们积极的因果能力的观念来自我们的意志经验，来自对简单观念的反思。这就是我们如何能获得一个事件引起了另一个事件发生的观念。

结　　论

在这一章中，我们已经审查了洛克在《人类理解论》第三卷中对三种复杂观念——样式观念、实体观念以及关系观念——的处理。为了维护他的关于观念的经验主义理论，洛克主张所有的复杂观念都来源于简单观念。他的观点包括对每一种概念的类型的逐一研究。

然而，我们对经验主义与理性主义之间的争论的基本假设可能会产生怀疑，即如果我们的有些观念不是来源于经验，那么那些观念必定是天生的。这个争论提供了两种选择：要么观念是天生的，要么像洛克所描述的那样来源于经验。或许还存在其他选择。例如，概念可能被认为是通过实践学习获得的分类或语言的能力，而不是从经验中抽象得来的类似于图像的精神现象。

在洛克时代，这种争论具有我们今天已经难以理解的重要性。通过论证经验主义的观点，洛克攻击了当时与天赋观念论相联系的教条主义和权威主义。此外，通过揭示所有的观念是如何从一般的经验中获得的，洛克力图瓦解传统的形而上学，而后者则认为观念是不能从经验中获得的。

5

On Locke ——————— 交流与分类

在《人类理解论》的第三卷中，洛克指出，既然知识由命题构成，那么不首先考虑语言，就不能理解知识的本质（II，33，19）。知识从本质上讲是语言的。洛克认为，"困惑人类的问题和争论中最重要的部分"属于"对语词的可疑的和不确定的运用"。通过清理语言的用法，我们能学会如何避免错误，并重视语言的固有局限。这样，对于洛克澄清知识的本性和范围这一总体目标而言，语言研究是重要的。

洛克的计划之一是揭示语词一般是怎样运作的。通过这样做，他论证说，传统的亚里士多德主义的分类观点是失败的。中世纪的经院哲学家按照一种有限的物质形式把自然事物区分为定型的和永恒的两种类型。对于洛克的全部工作来说，这种错误的分类观点也很重要。这种错误的分类观点，导致了对科学揭示现实的真正本质之能力的一种盲目的乐观主义。

第三卷是以关于语言的功能的一般解释为开始的。在第二章到第六章中，他揭示了这些功能对于普遍语词和分类的意义。以此为根据，在第九章中，他考查了语言的一些固有局限。在第十章中他区别了语言的一些固有局限与由于不细心使用而导致的语言滥用。最后，在第十一章中，他介绍了几种消除语言固有的缺点的方法。

洛克的语言著作不仅对其著作的总体规划十分重要，而且它本身也被认为是重要的。它是最早尝试给意义以系统解释的著作之一。它对后来的语义分析也有很大影响。当代语言哲学采纳了洛克暗示的观点，即理解概念的最好方式是通过分析相关语词的意义。

意义的本性

在洛克看来，语词是声音，这种声音是语词使用者头脑中的观念的记号。语词直接代表观念而并非事物的本质或者属性，因为我们直接知道的唯一事物是我们自己的观念。一个说话者必须直接知道他或她说出的语词表达的是什么意思，并且清楚我们只直接知道我们自己的观念。如果一个语词不代表说话者头脑中的观念，就像一只鹦鹉发出的声音一样没有意义。

○ "语词在原初的意义上什么也代表不了，它只代表使用它们的人的头脑中的观念。"（III，ii，2）

语词代表赋予其意义的观念，而不是世界上的事物。洛克说，试图用它们代表我们的观念以外的任何事物，都是对语词的滥用。他说一个人：

○ "不能让他的语词成为事物的性质的记号，也不能使之成为别人头脑中的观念的记号。"（III，ii，2）

这一点对洛克的努力是重要的，在这一努力中洛克试图揭示语言是如何可能系统地误导人的。

洛克的立场需要限制，因为看起来似乎洛克在为这样一种暧昧的观点辩护：我们不能指涉世界上的事物，而仅仅只能指涉我们自己的观念。为了矫正这种印象，我们应该记住，按照洛克的观点，观念确实代表世界上的事物。他称观念为事物的自然标记。结果，对于洛克而言，语词代表着观念，而观念则代表着客体。因此，洛克的观点是语词只能间接地指涉世界上的事物。我们是通过与一个语词相连的观念指涉客体。洛克表达了这一点，即观念是语词的原初含义，事物是它们的第二含义。

洛克认为语词的意义是武断的。每个人可以使用任何语词代表他或她想要的任何观念。然而，某些语词变得与某些观念相联系，并且它们之间的某种联系被建立起来。这样，一个语词便开始代表某一个特定的观念，而语言就变成约定俗成的了。为了支持这种观点，洛克论证说，如果在语词与事物之间有一种天然的联系，那么应该只存在一种语言。（III，ii，1）

简言之，洛克有两个重要的主张：首先，语词只能直接代表我们自己的观念；其次，语词与观念之间的联系是武断的。因为这两点，我们不能假定，当人们使用同样的语词时，他们意指同样的事物。

语言是使人类这种自然的社会动物之间的交流变得便利的一种工具。语言的主要目的是与其他人交流我们的思想。洛克说，别人的思想是"看不见的"，因为我们能直接意识到的只有我们自己的观念。通过发出指涉或者表达观念的声音，我们便能与他人交流我们的思想。

当一个人使用的语词激发起另一个人或其观念中类似的东西时，另外的人才能理解他或她的意义。"红"这个词代表我心中的观念，如果我在运用"红"这个词时，激发了你一个相似的观念，你就能理解我对这个词的运用。因为这个原因，在与他人交流时，我们运用什么语词来表达我们的思想就十分重要。

洛克的论点有两个重要的限制。第一，在主张语言的主要功能是社会交流时，洛克没有否认语言有私人用途。一个人可以使用语言私下记录他或她自己的思想。在这种情况下，（假如只要他或她记得他或她的代码，）他或她使用什么标记就无关紧要。然而，由于习惯，即使出于私人目的，人们也倾向于使用社会的共同语言。

第二，洛克注意到这里也有一些助词，如"没有"、"和"、"因此"和"……的"等。为了显明这些词的重要性和功能，洛克分析了"但是"一词。（III，vii）他认为这些词代表了头脑的逻辑的和语言的运作以及相应的观念关联。这一点对于洛克关于澄清思想与交流的建议是重要的。

洛克从他对语言功能的一般观察中获得这一观点：第一，语词的清晰度与运用它们的人的观念是一致的。因此，为了交流的清晰，有必要拥有清楚、明了的观念。然而，这还不够，也有必要正确使用助词和关联词。洛克说，一个人必须使他或她的思想衔接得好，

"并且表达好这些系统的思想；他必须有语词表达他的谈论中各部分包含的关联、限制、转折、强调等因素。"（III，vii，2）

对洛克而言，澄清语言是一项重要的哲学任务。不清晰的语言是错误的主要根源之一。人们倾向于使用意义模糊的语词，并在争论中改变它们的含义。依洛克来看，在我们没有与之相配的观念时也运用语词。在这种情况下，我们的语词没有意义，我们只是像鹦鹉一样重复声音。更常见的是，甚至一个人使用一个有明确意义的语词时，他或她也没有用这个词与他人进行交流。

洛克针对这些缺点提出了各种补救措施。这些补救措施的实质就是，在使用一个语词时，尽可能有一个明确的观念，并且在话语进程中不去改变这一观念（III，xi，26）。从这些建议中，洛克发展出一种定义理论，关于这一理论，我们将在后面审查它。

批评意见

洛克的语言理论主张，语词的含义应按非字面的思想或观念来解释。对洛克而言，语词对于我们的思想而言只是一个方便的符号或工具。这最终暗示着思想可以在没有语言的情况下拥有内容。思想能独立于语词的意义之外拥有内容。然而，思想与语词的意义之间的联系，可能比洛克所提议的更密切，因为大多数思想不能在语言之外形成。如果是这样的话，那么与洛克相反，任何词义理论将同时也是关于思想如何有内容或有意义的一种解释。

在这方面，洛克的理论对语言的结构特征没有给予充分的关注。他试图解释语词的含义，或许是因为他把语词看作意义的基本单位。为了反对这种观点，我们可能主张任何意义理论必须说明语句的含义，也必须解释语词怎样促成了语句的意义。语句不是语词的临时的（ad hoc）联结，因为语句有结构。因为这个结构，我们能从有限的一堆语词创造出无限的语句。

普 遍 语 词

洛克认为我们需要普遍语词。对我们来说，给予每一个特定事物一个独特的名字是不可能的。在任何条件下，对于任何一个不熟悉所讨论的特定事物的人而言，这些名字是无用的。此外，没有普遍术语的语言是不能提供任何比较和归纳的方法的，因此，这种语言对于扩充知识没有什么用处。

在洛克看来，当术语作为普遍观念的符号的时候它就是普遍的，而观念则通过抽象变成普遍的。正如我们已经看到的，抽象是心智的一种活动或功能。通过抽象，我们可以在感觉和反思给予我们的个别观念中获得普遍观念。比如，通过有选择性地注意一组圆的事物共有的性质而忽略它们的其他特征，我们开始获得"圆"的普遍观念。同样地，通过注意粉笔、雪和牛奶的共同颜色，我们便获得"白"的普遍概念或观念。

对普遍语词的意义的这种解释允许洛克对两个古老的哲学问题提出解决办法，并且揭示出相关的中世纪经院哲学理论的缺陷。第一个问题通常被称作共相问题。一些语词代表着特定的事物。比如，名字指涉特殊的人。然而，任何语言必须也包含着普遍语词。这些语词代表着什么？普遍语词可能要求普遍实体的存在，如柏拉图的理型（Form）。比如，看起来"绿"这个普遍语词似乎有意义，因为它代表着普遍实体"绿"。然而，包括洛克自己在内的许多思想家都反对这种普遍实体的存在。洛克认为只存在个别事物。那么，普遍语词如何有意义？这是第一个问题，为了试图解决这个问题，洛克反对经院哲学理论。

第二个问题是，普遍语词在将个别事物归类时发挥作用。在什么程度上，这些分类反映了现实？洛克对此问题的答案，是在名义本质和真实本质之间做出区分的。然而，让我们回到第一个问题。

共 相 问 题

诸如"绿"和"正义"等共相确实存在吗？传统的哲学对此问题的回答经常分为两大类：唯实论与唯名论。对洛克而言，唯实论与唯名论代表两种极端的观点；他试图在二者之间采取一种中间立场。

唯实论者认为共相确实存在。一些唯实论者，如柏拉图，认为共相是存在于时空之外的真实的非物质实体，并且在个别事物中显现出来。按照柏拉图的观点，普遍理型是真正的实体。另外一些唯实论者，像亚里士多德，否认共相独立于个别事物而存在。他们说，共相对同一种类的所有个体都是共同的，但共相只作为个别事物的特征存在，并不独立于个别事物之外。

在另一个极端，纯粹唯名论者认为共相根本就不存在。普遍语词不能代表真实存在的任何东西。普遍语词的意义不能在心智之外存在。这样，世界上没有共相。除了它们共享同一名称外，同一组个别事物之间没有任何共同之处。在现实中，圆形物的共同点只是因为它们被称为"圆的"。纯粹唯名论认为，所有分类都是武断的。

洛克试图表明，反对唯实论并不要求我们去接受唯名论。他的理论处于唯实论与唯名论之间。他认为普遍语词确实有意义，但这并不要求设定形而上学的普遍实体的存在，比如说理型。洛克认为，普遍语词是普遍观念的符号，这些符号通过抽象而获得。换言之，普遍语词，像"红"，代表了我们心智中的普遍观念，而不是像柏拉图的理型一样指称普遍实体。这样，他的理论同唯名论相似。

然而，洛克承认，事物之间确实彼此相似。洛克认为，分类基础部分地存在于事物间的真正类似，而这种类似并非头脑的发明。这样，洛克的理论更类似于唯实论而不是唯名论。在洛克看来，心智有选择性地倾向于一些相似性，而不是别的，并且由此通过抽象而构成普遍概念。通过挑选某些相似性和抽象，心智构成那些能够代表很多个别事物的普遍观念。因此，对洛克而言，普遍观念是理性的发明和创造。从这种意义上说，洛克的理论是反唯实论的。另一方面，这些观念在事物的真正类似中有其基础，从这种意义上说，洛克的理论是唯实论的。

总之，在洛克看来，自然包含相似："在事物的产生过程中，自然使得它们彼此相似"。（III，iii，13）但是，我们的普遍观念是基于有选择性的注意："事物的选择是理性的技巧"。（III，iii，12）在某种意义上，这使得唯实论和唯名论都是正确的。这种调和建立在洛克对意义的总体观点的基础之上：所有语词都从观念中获得意义。因此，在洛克看来，只有个别物体存在，语词通过代表普遍观念而成为普遍语词。

这个结果对洛克的总体规划也是重要的。洛克的语言理论暗示着语词是观念的习惯标记。因此，为达到清晰，有必要有清楚和明确的观念。语词只能像它们所代表的观念一样清晰。洛克对普遍语词的解释为这一点添加了另一种尺度。普遍语词的意义来源于普遍观念，而普遍观念则依赖一个人选择性的关注点的相似。结果，人们也许运用同一语词代表的不同分类体系。在洛克看来，承认这一点而不伪称我们的语词直接代表世界上的相同事物，是非常重要的。

批评意见

洛克对共相这一本体论问题的解决方案能否有效是值得怀疑的。因为，一方面，他说只有个别事物存在。但另一方面，他也认为这些个别事物之间确实彼此相似。然而，相似本身也是一个共相。这样，两种主张之间出现了矛盾。

此外，相似看起来似乎要求属性的存在。当两个事物的某些属性相似时，它们就彼此相似。这样，洛克的理论也要求属性或共相存在。他的观点暗含着一种实在论，这就与他原初的观点相矛盾，即只有个别事物存在。

洛克简直假定只有个别事物存在。然而，人们也许会主张，在亚里士多德所断定的最低程度的意义上，共相也存在。亚里士多德指出，个别事物有属性，这些属性可能或者不可能与其他事物共享。这不应该引导我们去把事物的这些属性当作事物本身；属性仅仅作为事物的属性存在。如果我们能接受这种观点，那么，我们必须主张个别事物拥有普遍属性。

洛克否认唯实论的立场，因为这种立场认为，对于每一个普遍语词来说，必然有一些自然特征使事物分成不同种类。这似乎暗示着在分类中没有不确定性和武断的成分。我们将会看到，洛克将否认这种观点。

另一个问题：分类

洛克不接受柏拉图的描述，因为它假定同一类的所有事物都有相同的本质特征。它因此暗示着对于每一个普遍语词来说，必定有一些本质特征将自然事物分成固定的种类。这意味着，在分类中没有不确定性，并且我们对事物分类的方法反映了世界上真正的、本质的分类。洛克拒绝了这种主张。

我们已经看到了拒绝的理由。普遍概念是通过对某些相似性的有选择性的关注来获得的。通过挑选出某些相似性，忽略其他属性，我们便构成代表诸多个别事物的普遍观念。洛克认为，在我们的分类中存在任意性，因为分类依靠选择的注意力。另外，如我们所看到的，洛克也主张事物确实彼此相似，因此，我们的分类不是完全武断的。洛克的分类观点的这种对比，反映在他对比真实本质和名义本质的方式上。

真实本质和名义本质

一种实体类型的名义本质，如"金"，是某种有确定特征的事物的复杂的抽象观念。我们能辨认出并将一个物体归类为"金"是因为它的黄颜色、它的重量、它的可锻造性，等等。我们把这个复杂观念与"金"这个名称联系在一起。复杂观念是通过抽象形成的，即通过有选择地注意第二性的质的观念，第二性的质的观念对这类实体是共有的。我们根据它们的名义本质来归类实体。

洛克把"金"的名义本质与它的真实本质进行对照。他把真实本质定义为"事物成其所是的本质"（III，3，15）。关于实体，如"金"，真实本质是"金"的内在构成或微粒结构。真实本质是由这类实体微粒的第一性的质的某些排列构成的。

这样，真实本质在洛克的物质微粒理论中扮演着重要的角色。每一实体的真实本质，能为那类实体的可见性质的因果诠释提供基础。"金"的真实本质是它的可见特征的因果基础，而这些可见特征则定义了其名义本质。名义本质因果地依赖真实本质。

最后一点是重要的，因为它再次强调了洛克的关于分类的立场。一方面，在洛克看来，经院哲学家关于我们依据实体的真实本质对其分类的观点是错误的。依据洛克的观点，实体的真实本质是未知的。我们是依据我们关于名义本质的观念进行分类的。任何名义本质的抽象观念是通过有选择性的注意而构成的，因此，具有一种武断因素。因为人类可能有不同的抽象观念，"金"的名义本质可能因人而异。

另一方面，尽管实体的名义本质是由心智构成的，当心智构成那样的复杂观念时，它会受潜在的相似性的影响，而潜在的相似性是真正地天然的。换句话说，我们的分类是按照名义本质而发展的，但实体的名义本质是建立在它们的真实本质基础上的，而真实本质仍然处于未知之中。根据洛克的观点，在依据名义本质进行分类时，我们应该期待广泛的——尽管不是普遍的——同意。

简而言之，不必要肯定一种强烈的唯名论，在名义本质和真实本质之间的区分就允许洛克批评经院哲学本质主义的分类观。在这方面，这种区分显示出微粒假说在哲学上的重要性。

定义

洛克认为，没有区分真实本质与名义本质导致了一种错误的分类观。一些洛克的前辈——中世纪的经院哲学家们——相信所有的自然物有固定的永恒的本质，这些本质把它们分成不同的种类，并且这些固定的本质可以单单通过先验的（Priori）定义和推理就能发现。相反，洛克认为，对事物定义的争论是一种没有结果的探究方法，因为那些定义只能决定事物的名义本质（它是相对的）而不能决定事物的真实本质。在反对经院哲学时，洛克否认我们能够拥有一种关于世界的先验知识。

为了使他的观点更明确，洛克对定义的目的和重要性给予了明确的解释。语词的功能就是交流我们的思想。为了使两个人能彼此理解，说者与听者必须拥有相同的观念。由于人们已经形成了不同的复杂观念并且依然使用同一个语词代表那些迥异的观念，定义的主要目的是尽可能地弄清特定的语词所代表的观念。洛克警告我们不要滥用语词，即用一个语词代表不清晰的观念或同时代表好几种不同的观念。清晰定义是矫正这种滥用的办法。

科学之前景

洛克认为，我们对实体的真实本质是无知的。对于科学取得真正知识的可能性，他也持悲观的立场。但是，当代科学似乎已经证明洛克是错误的，因为，现在我们显然已经拥有所有元素的原子构成的具体知识。

但是，洛克的担心是基于以下三个必须得到强调的考虑：

首先，洛克对知识有一个非常严格的定义，依据这种定义知识需要确定性。因此，即使是面对今天的科学，洛克可能仍然否认我们拥有真实本质的知识。

其次，按照洛克的观点，某一物质的可观察的特性依赖它的真实本质，就像几何定理依赖公理一样。换句话说，如果某人知道某一事物的真实本质，他就可以逻辑地推导出它的可观察的特性。这建立了关于事物真实本质的知识的一个非常高的标准，并且正如我们在第七章中将要看到的，洛克论证说，我们根本不可能达到这种标准。

最后，即使我们可能拥有这样的知识，洛克也有一般的理由主张，名义本质与真实本质之间的区别仍将有效。简单地说就是，分类总是依靠由有选择的注意形成的抽象的观念。

　　真实本质与名义本质的对比，是洛克对科学获得自然知识的可能性持悲观主义态度的基础。但是，正如我们在后面将要看到的，它也是洛克对获得道德知识的可能性持乐观主义态度的基础。

6

On Locke ——————— 心智新论

洛克的哲学有丰富的心理学含义。它包括对心智运作的描述、对心身关系的解释和一种人格同一性的理论。他的观念新论包含了一种理解心智的新途径。首先，它试图显示可观察的现象如何能够由一些简单的部分来解释：复杂观念是由简单观念构成的。在这种意义上，他的心智新论类似于他对物质的微粒说解释。前者依赖于简单观念，后者则依赖于基本微粒。其次，洛克试图显示，所有的心理知识是如何符合他关于知识获取的一般理论的。除了那些在经验中已经被给予的方法外，心理学没有要求或提供任何特殊的认识方法。正如我们将要看到的，这种转变提供了一种关于心智的革命性的观点。

反　　思

依据洛克的观点，我们通过反思了解我们的心智。他用"反思"一词的意思是：

"心智借着理性对自身运作以及运作方式的关注，由此在心智中出现了关于这些运作的观念。"（II,I,4）

换句话说，反思是一种反省。洛克的定义表明，他持有一种表象主义的反思理论：心智并不能直接知道它自身以及它的运作，而是通过观念才间接知道的。在这种意义上，洛克的反思理论类似于他对知觉的解释。这种理论暗示着我们对自我或心智并无直接的知识，正如我们不能直接察觉到外在客体。在反思中，我们只能经验到诸如推理等心理活动的观念。

"这种我们倾向于看作某种实体的活动的东西，我们称之为精神。"（II, xxiii, 5）

我们并不拥有那些被认为构成自我的实体的直接知识。心智不是经验的对象，而观念是经验的对象。

洛克假定了两种基本的心理运作类型：知觉和意志。这些构成了反思的简单观念之基础，因为心智的所有其他运作都是这两种能力的变形。例如想象、感官知觉和推理，都是知觉的形式。愿望、欲求、希望、恐惧都是意志的表现形式。此外，洛克也认为，苦乐也是反思的简单观念。最后两种形式在洛克的道德哲学中扮演着重要角色。

洛克持有一种感官知觉理论，这种理论承认判断以及其他感觉形式对我们的想象的影响。洛克也承认记忆在感官知觉中的必要性（II，x，8）。如果没有记忆，我们将会陷溺于当前的瞬间中，而不能从事观念比较和联结等其他心理活动。对于洛克来说，记忆也很重要，还因为它界定了人格同一性，我们随后将会看到这点。

这些是洛克用来解释大脑的运作以及我们关于它的知识的基本要素。通过这些解释，洛克试图揭示，心理知识是如何符合我们对世界的知识的一般模式的。它像其他科学一样也没有要求一种特殊的形而上学基础。

意 志 自 由

在论述权力部分，即第二卷的第二十一章，洛克认为意志自由是与因果决定论并行不悖的。当没有任何东西妨碍他或者她做他或她想要做的事情的时候，一个人是自由的。这样理解的自由是一种对外在强制或阻碍的规避，而行为自由与因果性行为是相容的。

这种相容论的一种典型异议是：自由比缺乏外在束缚要求的更多；它要求意志的自由。洛克强烈地反对这种异议，认为意志自由这个概念毫无意义。

首先，他攻击诸如意志这种心理能力的观念本身。他相信，认为心智由能力构成与认为它是由代理人构成是一回事。他说：

> "如果认为能力（faculty）是一种能够行为的独特存在这种说法是合理的话，那么我们就应当拥有说话的能力和跳舞的能力这些存在。"（II，xxi，17）

与主张意志能够行为相反，我们应该肯定是人在行为。意志行为的观念牵涉到错误的心智能力理论。

此外，意志自由的观念将牵涉到一种混淆。自由只是属于行为者的一种权力。这种意志也只是行为者的一种属性或者权力（II，xxi，14）。因此，意志自由的观念本身就是一个混淆。

洛克认为自由是神意惩罚和道德的必要条件。道德要求一个人必须在道德上对其行为负责，而这又要求他的行为是自由的。通过主张自由概念与因果性相容，并且不需要预设心理能力，洛克为一种道德考察准备了基础，他宣称这种道德与他对观念起源的经验主义解释是一致的。

心灵与肉体

笛卡尔（1596—1650 年）认为心灵是一种存在于物质肉体之外的实体，其本质是能够意识和思考。洛克拒绝的恰恰是笛卡尔的心物二元论的基础。

首先，洛克认为，心灵的本质不是能够意识。其根据是，如果心灵的本质是能够意识，那么心灵必须在任何时候都能够意识，而事实并非如此。洛克认为，我们在睡觉时，我们是没有意识的。尽管洛克承认存在这种可能性——当我们睡眠时我们拥有思想，而当我们苏醒时却忘记了，但他却认为这种情况是不大可能的。相反，洛克认为，更大的可能性是，当我们无梦睡眠时我们没有任何思想。鉴于此，洛克得出结论：思维不是灵魂的本质，而只是其活动的一种形式。

其次，正如我们将要看到的，洛克反对这样一种观点，即我们的人格同一性是由一种非物质实体的同一性构成的。换句话说，他反对人格同一性需要一种非物质的心灵存在的观点。以这种方式，洛克的观点本质上不同于笛卡尔。

最后，洛克认为，一般而言，实体的概念是某种不可知的事物。这同样地适用于非物质实体和物质实体。如果有一种非物质的心灵，它将是不可知的。换句话说，洛克关于实体概念的怀疑主义导致他否认笛卡尔的这种主张：我们能够知道心灵是某种区别于肉体的某物。因此，依据洛克的观点，没有理由肯定二元论而否弃唯物主义。

事实上，洛克在心身问题上的观点是不可知论的。他并不否认有精神实体，但是，他也不否认精神可能是一种物质构造，或者物质能思想这种观点。（IV，iii，6）洛克认为，这种激进的主张是我们无法知道物质客体与观念之间的因果联系的直接结果。我们所知道的一切就是，观念可能属于物质实体。

此外，洛克宣称，否认这种可能性将会限制全能上帝的权力。物质能够思想这种主张：

○ "并不比这样一种设想更不可理喻：如果上帝愿意的话，他能赋予物质思维的能力。"（IV，iii，6）

按照洛克的观点，这段话似乎暗示着，能思考的物质实体的观念在逻辑上是可能的。然而，洛克也主张物质自身不能产生思想（IV，10，16），它需要上帝的外在影响。

斯蒂林弗利特攻击洛克不赞成二元论是违背了基督教的教义，因为这暗示着这样一种可能性：没有永恒的灵魂，并进而可能削弱道德的根基。作为回应，洛克坚持认为，否认物质能思维这种可能性与否认上帝的全能实际上是一样的。而且，洛克以无可辩驳的逻辑主张，我们不能证明灵魂不朽。

实际上，洛克认为，非物质的灵魂存在并不能提供个人不朽的证明。灵魂的存在不能保证意识的延续。他也认为个人不

朽并不要求非物质的灵魂实体的存在。这些主张都基于洛克对
人格同一性的分析。

人格同一性

洛克的人格同一性理论有三个显著的特点。首先，洛克辩
护了一种同一性的相对理论。某事物在不同时间中的同一是什
么意思？在第二卷的第二十七章中，他认为，同一性的条件是
随着所探究的客体的本质的变化而变化的。用现代的话语来说，
同一性的标准与指称探究物类型的类名词——如"马"或者"岩
石"等——相关。结果，鉴定同一匹马的标准将不同于鉴定同
一块岩石的标准。

洛克检查了复合物的情况，比如由结晶体构成的立方体的
糖。在这种情况下，同一性是包含在颗粒之中的，复合物则由
这些颗粒构成。为了使一个复合体在一定时期里是同一的，所
有它的组成部分在这一时期里应该是同一的，尽管它们的排列
可能不同。这意味着，如果剔除或添加了某一原子，复合物将
会失去同一性。

洛克把复合物与有生命的有机体进行了对照。在生物方面，
同一性并不是依赖于它们的构成微粒，而是依赖于分享着"同
样生命"的有机体。洛克用微粒的排列和组合来解释这最后一

种观念。有机体不仅是物质微粒，而且是由部分构成的复杂组织，这些部分共同规定着日常的生命。因此，一棵橡树的本质并不能因为它的生长而发生改变。它的超时间的同一性在于它在这一时期拥有同样的生命。在此，洛克用由部分构成的组织来解释。

人格的同一性

洛克的同一性理论的第二个重要特点是，他区分了人类（a human）和人格（a person）这两个概念。人类是种的成员之一，而"人格是一个思维着的、有理智的存在，他拥有理性和自我意识"。人格是一个有自我意识的理性存在。这是一个重要的区别，因为它允许了这样的可能性：不是人类的人格和不是人格的人类。

此外，洛克认为，对于这两个概念而言，本质的判断标准是不同的。人类的同一性的条件类似于任何有机体的同一性条件，因为人类是某种特定形式的动物。这是一个构成人的身体的物质组织的问题。这使得人类在时间中保持同一。

相比之下，人格同一性在于意识的连续性，因为正是通过意识，我们不同的感觉和思想在任何时候都属于同一个人。人格的同一性将在穿越时间的意识同一性中被发现。洛克认为，意识能回溯过去的行为或思想有多远，人格同一性就能回溯多远。他试图用记忆来解释个人同一性。尽管洛克并没有以这种方式论述，但是当 x 当下的对过去事态的意识是（曾经的）y 对当下事态的意识的结果时，自我 x 与一个更早的自我 y 是同一个人格。我与 10 岁时的我是同一个人，因为我当前对 10 年前的记忆是我过去经历的结果。

洛克理论的第三个特点是，他明确反对把人格同一性建立在任何实体同一性基础上的企图：

○ "只有意识才能将遥远的存在物统一在一个人格上；实体同一性做不到这点。"（II，xxvii，23）

或者说，按照洛克的理论，无论我们完全是由物质构成的或者存在一个非物质的灵魂实体，这都与人格同一性无关。这是对心灵哲学的一个重要发展。

这样，洛克拒斥了两种对立的人格同一性理论。首先，在否认人格的概念与人类的概念是一样的时候，洛克反对将身体的连续作为判断同一人格的标准这种做法。其次，洛克认为，人格同一性并不在于精神实体的连续性。即使存在灵魂实体，它也不依靠灵魂实体的同一性。设想一下苏格拉底的灵魂重现于现在的皇后市（Queenborough）的市长。即使有这种情况，皇后市的市长与苏格拉底仍不是同一个人，除非这个市长"内在地"直接意识到苏格拉底的经验。

此外，同样的灵魂可能有两种交替出现的和迥异的思想和经验。在这种情况下，我们可以得出结论：同一灵魂拥有两个交替的人格。而且，"两个思维的实体可能形成同一个人"（II，xxvii，13）是可能的。换句话说，一个人有两个灵魂是可能的。洛克的结论是：人格同一性并不依靠一种不可知的精神实体的连续。人格同一性依赖于我们直接知道的东西：意识。

洛克使用假设难题来建构他的同一性观点。他运用同样的方法争辩说，身体的同一性与人格同一性或意识无关。按照洛克的观点，两种迥异的意识可能日夜交替地寄住在同一身体中。在这种情况下，可能同一个身体拥有两个人格。相反，同一个意识可能在两个不同的身体中起作用。在这种情况下，一个人格拥有两个身体。而且，同样的意识可能从一个身体传递到另外一个身体；一个君主的意识和记忆可能进入到一个鞋匠的身体中，反之依然。

洛克承认，在一般情况下，同一人格实际上将会是同一个人。但是，这并不意味着它们的概念是一样的，也不意味着各自的同一性的判断标准是一样的。

洛克认为，与人类的概念不同，人格的概念是一个：

○ "适用于行为及其价值的修辞。因而，它只属于能置身于律法、幸福和痛苦中的理智载体。"（II，xxvii，26）

人格同一性承载着行为之责任的观念或者那些过去的行为是我的行为这种观念。如果 A 和 B 是同一个人格，那么 B 就应该对 A 的行为负责。这样，人格同一性的概念就构成责任和道德的必要条件。

7

On Locke —————— 知识的限度

在他 1677 年的日记里，洛克写道：我们生活

"在一种平庸的状态中。作为一种有限的造物，我们拥有一些权力和能力能很好地适应某些目标。但是，这一切与事物那巨大的和无限的范围是极不相称的。"

（ V .Chappell, ed., 1994, p.147 ）

这段引文很好地捕捉到了，洛克对提出《人类理解论》的原初问题的立场。我们的知识能延伸多远？我们能拥有道德的知识吗？为了了解洛克对这些问题的回答，我们需要了解他的知识论。

知　　识

洛克《人类理解论》第二卷中的经验主义涉及到构成知识材料的观念或概念。他主张知识来源于经验。然而，洛克并不认为所有的知识都来源于经验。例如，我们先验地知道所有的数字要么是奇数，要么是偶数，我们并不是通过感觉经验而是通过推理知道这个。但是，这种知识仍然需要经验，因为这种知识的材料——如数、奇数和偶数的概念或观念——都是从经验中获得的。在这种情况下，洛克的经验主义与理性给予我们知识这种主张是一致的。洛克的经验主义主要涉及到概念的形成和意义，而不是我们如何获得知识。

洛克把观念与知识和信仰区别开来。知识和信仰都需要做判断；它们并不仅仅等同于拥有观念。这是因为，虽然观念自身无对错，但认知和认信则要求做出或对或错的判断。

这就是为什么在第四卷的第一章中，洛克将知识描述为，对我们观念之间的一致或不一致关系的知觉。知识要求心智将观念联系起来。

洛克列举了观念间的一致和不一致的四种类型，它们构成了不同种类的知识。

①同一和不同。

这种类型的知识表现为"琐碎的命题"，例如"红是红"，"红不是蓝"等，这只需要判断一种观念是其自身而不是别的东西。

②逻辑关系。

这种知识是通过判断观念之间的逻辑关系获得的。它由诸如"三角形的内角和等于180度"等命题表达。洛克认为，这种知识也可以在伦理学、政治学和宗教学中发现（IV，iii，18），他还认为这是最广泛的一种知识。

③共存。

并非所有观念间的联系都是逻辑联系。例如，当某一观念恒常地伴随着另一观念出现时，观念中也有规律性。这就是洛克所谓观念间的共存关系一语所指的东西。他认为，我们关于实体或物质客体的知识在于这种判断，即某些性质的观念彼此相伴或有相同的归属。例如，按照洛克的观点，我们关于"金"的知识就是这样一种判断，即黄色、重量和某种能力的观念彼此相伴。

洛克认为，通过观念的共存获得的关于实体的知识是非常有限的。这是因为，我们不能洞察出原子的第一性的质，而第二性的质和我们的知觉都是依赖于第一性的质的。此外，洛克说，我们并不理解在性质和观念之间的因果关联。

④真实存在。

在《人类理解论》第四卷第十七章中，洛克说第四种关系是"真实存在与观念相一致的关系"。

知识的等级

观念间的这四种不同的关系类型导致了三种不同类型的知识或三种不同等级的知识,洛克在第四卷第二章描述了这一点。

直觉知识是对观念间的一致性的一种直接知觉,按照洛克的观点,它没有留下任何怀疑的余地。根据洛克引用的"三比二大"这个例子,他认为,我们拥有关于我们自身存在和某些原则的知觉知识,譬如"任何事情都是有原因的"。

论证性知识不是直接的,而需要中介观念和步骤,就如在数学和逻辑证明中所做的一样。由于这些中介步骤,论证性知识比直觉知识的确定性要差。

感觉知识甚至比论证知识的确定性更差(IV,ii,14)。当特定的外在客体实际上呈现在我们感觉面前时,我们就拥有个别的外在客体的感觉知识(IV,iii,1)。这种被洛克称之为"感官提供当下证明"的第三等级的知识,是我们关于共存和客体的真实存在的知识的基础,即上面提到的第三种和第四种知识。

洛克以一种很特别的方式使用"知识"这个词。按照他的观点,为了使一种信念有资格成为知识,我们必须相信它,而且我们必须证实我们对确实性的感觉。因此,按照洛克的观点,我们通常宣称自己知道的命题将不能算作知识。由于这个原因,洛克拒绝将那些只有可能性的信仰算作知识。他宣称"最大的可能性也不等于必然性"(IV,iii,14)。这样的信仰,他称之为意见。

洛克承认，对于许多我们声称知道的事物，其实我们并没有确定性。然而，有些这样的信念能够在很大的可能性上被肯定为真。结果，在我们对自然的审查和日常生活中，有一点是重要的，即通过考察支持和反对一种信念的证据，来区分那些真实的可能性极高的信念与意见和那些真实的可能性极低的信念与意见。但是，即使是具有高度可能性的信仰也不应该被称为知识。

感觉知识

洛克将知识描述为对观念间的一致性的察觉这种做法显然牵涉到这样一种立场，即知识被局限于观念中。它似乎排除了外部客体及其性质的知识的可能性。因此，看起来洛克似乎应该否认存在关于世界的经验知识。这似乎排除了上面所提到的第四种知识，即在我们的观念和真实存在之间的一致性。

洛克在《人类理解论》第四卷的第四章和第六章中试图解决这个问题。首先，对观念之间的联系之察觉这样一种对知识的一般描述，不应该被视为一个排除了关于实在的知识的正式定义。其次，正如我们在第三章看到的，通过主张我们的观念能够代表实在的特征，洛克提出我们能够拥有关于世界的知识。他认为，在真实客体的经验与幻觉的经验之间，通常存有实质的区别。而且，我们的观念有外在的原因。根据这些观点以及在第三章中所提到的其他观点，洛克的结论是，感觉"证据"是足够确定的，"它配得上知识之名"。（IV，xi，3）

知识的范围

尽管洛克认为感觉知识是可能的，但是他的知识定义给科学将扩充人对自然的知识这一希望投下悲观的阴影。在第四卷第六、七、九章和第十章中，洛克争辩说，我们只能知道名义本质而非真实本质，进而声称新的实验方法"将很少获得关于身体种类的一般知识"。他并不怀疑科学的进步是有用的，但他主张我们应当满足于可能的信念和意见，而不是坚持真正的知识，因为"我们的能力并不适合于看透肉体的内在结构和真正本质"（IV，xii，11）。

洛克试图避免怀疑主义和形而上学两种极端。他通过理解"我们可了解的和我们不可了解的东西的范围"（I，i，7）来这样做。依照洛克的观点，我们的能力是上帝赋予的。上帝并没有赐予我们天赋知识，但给予了使我们能够获取知识的能力。由于有这种观念，我们就可以对自己能够认识充满信心。在这些能力的限度内，怀疑论是不应该出现的。而超越这些界限的，则尽是形而上学。那么，这些界限是什么呢？

真实本质

首先，洛克认为，我们不应该对自己掌握实体的真实本质的能力充满自信，而真实本质是与名义本质相对立的。一个事物的真实本质，拿金子来说，是能够解释其可观察特征的实体的潜在结构。正如我们所看到的，洛克用实体的潜在结构解释真实本质，而实体的潜在结构的特征应该由微粒和机械关系来解释。尽管洛克认为我们应当尽力去在这些原子的联系中理解自然，但他对我们对特定实体的真实本质做出正确解释的能力持悲观的态度。这也就是说，他并不认为我们可以依据实体内在微粒的真实本质，用演绎的方法来解释特殊实体的可见属性。我们仅仅是依据其名义本质来谈论实体；而实体的真实本质依旧未被发现。他对我们认识事物真实本质的能力表示怀疑，也还因为分类总是由人类心智选择的。由于这些原因，他得出的结论是"自然哲学是不可能成为科学的"（Ⅳ，xii，10）。换句话说，物理学并非一门科学。

这些听起来很奇怪，直到我们想起洛克关于什么应该被称为科学有极其严格的标准，就像他的区别于意见的知识的标准一样。他认为，一门科学总是推理地告诉我们，事物为什么必然像它们现在这样。科学应该是一个演绎的体系，比如说几何学。而物理学，或我们所言的自然哲学，并不符合这一标准。相反，它依赖在事物的名义本质层面上的经验观察和预测。有时，洛克称物理学为"实验的知识"。

尽管在严格意义上物理学将不会是一门科学，但洛克并不认为这真的有多么重要。特别是，这并不是怀疑论的原因。我们的能力是天赋的，并且是值得充分依赖的，它对于生活来说是可靠的。我们对事物的经验主义观察，尽管没有产生关于实体的真实本质的知识，它们对生活中的实际目的来说已经足够了。

心灵与肉体

知识限度的第二个方面是，我们决不知道物质客体中第一性的质的变化如何导致我们心智中的观念的变化。同样，我们也决不知道大脑如何在物质中引起变化。在洛克看来，心灵与肉体的互动关联是一个不解之谜。

正如我们所看到的，这构成了洛克下述主张的部分原因，即我们决不知道思想是否需要非物质的心智的存在，或者思想能否成为某一物质系统如大脑的特征（IV，iii，6）。

从研究自然的角度看，思想与事物间的差距，或者观念与性质间的差别，意味着我们不能解释构成肉体的微粒的第一性的质是如何导致它的第二性的质的。换句话说，这个差距强化了我们的知识的第一个限制。这解释了洛克的一个主张，即我们不能理解实体的真实本质是如何构成第二性的质的基础的。我们不能认识其机制。

洛克说，我们只能掌握这样一些关联，即：

"结果是由无限完美的智者的指定产生的，而后者完全超出了我们的理解能力。"（Ⅵ，iii，28）

也就是说，我们不能把第一性的质与观念之间的这些联系理解为必然的，除非将其视作上帝预定的。

洛克将科学知识的黯淡前景和道德的前景做了鲜明的比照。他认为，道德知识能够证明，因此，道德知识能确定地被人认知。他说："我们合适的任务是道德探究和道德知识，它们是最适合于我们的能力的，并且也是我们最大的兴趣之所在。……因此，我想我的结论是：一般而论，道德是人类恰当的科学和事务。"（Ⅳ，xiii，11）

8

On Locke ——————— 合理的信仰

在他生命的最后 10 年里，洛克花越来越多的时间思索和写作有关宗教的东西。他写了《基督教的合理性》一文，对异议的题为《辩白》的答复，给沃彻斯特主教的信件和对《新约全书》中的使徒书信的评论，后者包括一篇关于理解保罗书信的导论文章。在这些作品中，他确认了一种对待宗教的变革性的方法，这种方法首先在《人类理解论》及《论宗教宽容》中得到详细叙述。通过勾勒出一个理性的基督教概念，洛克与当时的宗教分裂和迷信进行了论争。同时，洛克肯定了宗教的重要性。例如，他主张道德需要上帝的存在。他也肯定超出理性范围的启示和信仰的必要性。简言之，洛克既肯定了理性的宗教概念的必要性，又肯定了认识到理性的局限的必要性。为了达到这个目的，洛克发展了对宗教知识的论述。

上帝的知识

根据洛克，上帝的观念如同我们的其他观念一样，也是通过经验，即感觉和反思取得的。上帝的观念是通过想象一个按照最完美的形式整合最令人羡慕的品质的存在获得的。根据洛克的观点，这意味着我们没有关于上帝的一个确定的观念。上帝的仁慈是完美的；这样的仁慈超出了我们的知识范围。上帝的所有属性都是如此，因而上帝是无法理解的。

洛克认为，我们可以证明上帝的存在。他的论证是在《人类理解论》的第四卷第十章中给出的，该论证是由两部分组成的。在第一部分里，洛克用凡事必有原因这个原则证明上帝的存在。洛克由此提出，只有永恒之物没有外在原因。任何生灭之物必定有一个外在原因。他得出结论：肯定存在一个第一原因，这个原因本身是永恒的，否则任何事都不能解释，包括我们自己的存在。

洛克论证的第二部分是证明这个永恒原因的本性。洛克说，我是一个有意识的人，说明了第一原因本身肯定是有意识的。另外，宇宙中的秩序向我们显示了第一原因肯定是有智慧的。

此外，我们是道德的存在物，所以我们的终极原因也肯定是道德的。

洛克相信，宗教超出了我们的理性能够证明的范围。例如，他不否认奇迹，他不否认信仰和启示。然而，洛克也为基督教的合理性进行了有力的辩护。简单地说，这意味着基督教教义的本质与理性不相矛盾。概括地说，宗教可能超越理性的范围，但它与理性并不矛盾。

根据洛克，神启是宗教信仰的一个重要源泉。启示的重要性就是，通过它，上帝能给我们直接的知识，这种知识超越通过我们正常运作的机能所能学到的知识。此外，按照洛克的观点，我们可以确实地知道上帝给我们的启示是正确的。然而，成问题的是如何正确地分辨神启。

根据洛克，这一点是不能确定地知道的。我们不能确切地知道一个神启是否是上帝的启示，也不知它的内容是什么。尽管有这些怀疑论，但启示在宗教中是重要的。因为通过它，我们并不需要对上帝启示的内容有直接的证明，而只需要证明是上帝启示了我们。

此外，有一些标记可以将真正的神启与幻觉分开。（IV，xix，7）洛克警告那些人，他们认为：

> ○　　"无论什么无根据的观念，只要强烈地临格于他们的想象，都是来自于上帝之灵的启示。"（IV,xix,6）

例如，在关系到《圣经》的时候，为了避免这种错误，我们应该寻找有证明的标记，以表明《圣经》中给出的上帝的启示的证据确实来自于上帝。例如，洛克认为神迹提供了证据，表明耶稣的话是上帝的。另外，我们应该确定启示与理性并不相斥。洛克说：

○ "当上帝用超自然光芒照耀心灵时，他没有熄灭自然之光……理性必须是每一件事的最后裁判和向导。"（IV，xix，14）

洛克所说的"自然之光"，指的就是理性。他解释说，启示的知识不能从理性获得，但是它必须与理性一致。这样，宗教的知识能超越了理性，但仍然是合理的。

洛克的宗教理论主要是认识论的。它涉及我们如何形成宗教信仰以及什么应该被称为知识。从这个论述中，洛克对人们应该如何调整他们的宗教信仰做出了判断。例如，他主张我们不应该赞成没有足够证据的命题。在论证我们有责任避免错误的时候，洛克对信念、信仰和知识进行了区分。信念是把一个命题当作真的。知识是认识到一个命题是真的。如我们在前一章所看到的，洛克用"知识"这个词主要是指理性对先验真理的确定的掌握。他也用"知识"这个词作为感觉确实地察觉到的经验知识。由信念构成的信仰来源于启示（IV，xviii，2）。

对于洛克来说，正如我们已经看到的，这样的信念不会取得知识所要求的确定性。

然而，确定性的不可能性并不意味着我们能够按照我们的意愿相信或形成意见。我们有责任试着去相信什么是正确的，即使我们不能获得确定性。洛克说：

○ "信仰就是一种坚定的心理认同。如果对它进行调整——这是我们的责任——则只能基于真正的理性，这样就不至遭遇反对意见。"（IV，xvii，24）

洛克认为，我们有义务去调整我们的信仰，以便它与真理相一致。我们必须用上帝给我们的才能尽我们的最大能力去避免错误。如果不能这样做就是违背上帝，因为这是对上帝的礼物的滥用。

理性的宽容

在洛克写作的年代，欧洲不同的基督教派正迅速增多。在不同的国家里，路德教派、加尔文教派、英国国教与天主教之间互相迫害。

为了反抗这种不宽容的氛围，洛克提倡宗教自由。他这样做的主要根据是，宗教的本质是个人与上帝之间的个人关系。这样一个关系不能为制度或政治所控制。然而，洛克又强调了宗教宽容在政治上的重要性，因为它对国家的统一和强大是必要的。

洛克提倡的宗教宽容与他重新定义基督教的激进主张是一致的。他试图寻求基督教各教派共同接受的东西来定义基督教的本质。当中世纪传统的确定性已然崩溃，而相对较后起的新教教派在争吵不休时，洛克是少数几个认为这些差别与基督教的朴素本质相比并不重要的思想家之一。

面对宗教分裂，洛克认识到，他对基督教信仰的定义是维护基督教作为真理化身的唯一方法。当各教派对基督教教义的内容做出相互矛盾的解释时，他们不可能都是正确的。这种处境的一个可能诊断就是，人们所做出的论断超越了他们所能认识的范围。这样，宗教论战变成了一个认识论问题。而《人类理解论》中的问题，例如"人类理解力的限度是什么？"便成为与社会性相关的问题。教派的产生是因为人们在没有理性支持时就提出了推测性的主张。宗教分裂的出现是因为这样的推测被当成教条。换句话说，如果在对所知道的和所相信的事情进行判断时谨慎小心，我们将更清楚我们的信仰所要求的和所没有要求的是什么。这种清晰性将帮助我们清除不确定性。它将帮助我们把教条与信仰分开。这将会促进宗教宽容，而宗教宽容则有利于和平与繁荣。

辩护宗教宽容

让我们看以下两点：第一，宗教宽容；第二，信仰要求什么。洛克给出宗教宽容的三个理由。

首先，教会没有惩罚和迫害的权力，因为他们不拥有政治权力。在这种意义上，教会不像国家。当个人放弃权力或权利以履行彼此的道德时，国家就形成了，人们把这个国家委托给政府。这就是为什么国家有权力惩罚人民和实施法律。而教会是自愿性的组织，不是建立在人们放弃政治权力的基础上。因此，他们没有权力去起诉或迫害别人。

此外，人民把他们的财产和安全委托给国家和政府机构，这是形成公民社会的社会契约的一部分。然而，他们没有把他们的灵魂委托给公共权威。这不是社会契约的部分。因此，教会不能因为宗教原因而通过公共权威去迫害人民。换句话说，教会和政府有不同的功能。教会没有政治权力，因为它们是人们自由加入或离开的组织。

洛克的第二个理由，是以宗教问题的不确定性为基础。任何教会或个人都不太可能拥有关于神学的全部真理。既然这样，那么宗教教派之间应该相互宽容。这样，洛克定义基督教的朴素本质的努力支持了他的宗教宽容的观点，对此我们将在下面进行审查。

第三，暴力和迫害虽然可以带来外表的服从，但它们不能带来内心的皈依。这样，他们便导致了错误的宗教和虚伪。人们不可能通过承认他们并不真正相信的宗教教条而获得拯救。因此，宗教迫害不能带来其宣称渴求的改变。

　　洛克辩护了宗教自由，但这种辩护却是有限度的。特别是，宗教既不能伤害个人，也不能伤害国家。那些造成伤害的宗教是不能被宽容的。例如，现代国家不应该容忍以活人献祭的宗教。在这个基础上，洛克提出社会不应该宽容无神论。正如我们在下一章将会看到的，按照洛克的观点，上帝的存在是道德的基础。因此，他认为无神论对社会是有害的。它削弱了道德，进而削弱了社会凝聚力。在同样的基础上，洛克排除了对那种要求效忠于某一外国权力的宗教的宽容，因为这样的宗教威胁到国家。在这种情况下，尽管国家能够正当地镇压宗教，但它这样做的时候不能是出于宗教原因。出于政治安全原因，这样做才是正当的。所以，即便在这种情况下，洛克也认为，出于宗教目的的迫害应该被禁止。

　　在洛克写作期间，他的观点是很激进的。今天它显得温和多了，部分原因是因为洛克关于政教分离的主张和宗教宽容的观点大部分已经被我们的社会所接受。一定程度上说，它们已成为我们常识的一部分。

合理的和朴素的

　　国家和教会有不同的功能。对于洛克来说，这意味着我们应该重新思考基督教是什么。一个特定教堂的牧师主张的教义与《圣经》规定的教义之间存在着差别。一方面，教会的规定通常随着政治的变化而变化。另一方面，《圣经》的规定数量极少，并且无论在什么政治处境下都保持不变。根据洛克的观点，《圣经》的基督教有两个基本要求：第一，相信基督就是上帝派来的救世主；第二，依照基督教道德生活。任何一个遵守这两条要求的人都是基督徒。对于洛克来说，基督教应该是一个朴素的、合理的信仰，与各基督教教派的许多规定和教条形成鲜明对比。这种朴实性就是为什么洛克称基督教是"合理的"的部分原因。他的意思还包括，神启的知识与理性之间并不矛盾，即使它超越了理性。《旧约全书》与《新约全书》中神启的道德与通过理性掌握的道德原则是一致的。此外，理性告诉我们，上帝是至上的和怜悯的。在这些方面，基督教是非常理性的。

在洛克的写作时期，其理论是对基督教的一种非常激进的理解方式。例如，尽管洛克并不否定"三位一体"的教义，但是，在一个合理的基督教的少数几条教义中却没有列出。部分地由于这个原因，洛克被爱德华控告为唯一神教派。尽管洛克与唯一神教派的领导托马斯·费尔门是好朋友，但是，洛克在《辩白》中否认他是唯一神教派论者，《辩白》一文是对爱德华的一种答复。

洛克很明显是一个虔信的基督徒。然而，无论是在《基督教的合理性》，还是在对保罗书信的评注中——在生命的最后几年，洛克致力于后者——他采纳了一种批判的、历史的方式来阐释《圣经》。根据洛克的观点，《圣经》在我们的道德理解中扮演着重要角色。

9

在《人类理解论》的末尾，洛克写道，

"我想我的结论是：一般而论，道德是人类恰当的科学和事务。"（IV，xiii，11）

洛克是在与朋友讨论"道德原则和天启宗教"之后，才产生写作《人类理解论》的想法的。这促使洛克探究知识的本质和我们认识真理的能力。然而，洛克关注的主要是一般意义上的知识，因为他想说明道德知识是如何可能的。洛克可能希望证明道德作为一门科学是如何可能的。在他的文章中有这样的暗示，即他计划写一部伦理学的系统著作（阿伦，p.256，fn.）。

洛克确信道德知识是可能的，这是因为他看到数学和道德之间存在着很大的类似性。在数学领域，确定性是可能的，因为它涉及抽象观念之间的必然联系，而这些抽象观念的定义是我们所知道的。数学与自然科学形成了比照，因为自然客体有一个不同于它们的名义本质的真正本质，所以在自然科学中不可能获得确定性。

在洛克看来，伦理学与数学有三个方面可以进行比较：首先，道德是关于抽象观念之间的必然联系，在这方面，它像数学一样；其次，伦理学和数学都涉及抽象的客体，这些抽象客体都是样式。在这两个领域，真实本质与名义本质之间没有区别。因此，在此不可能存在不可认知的情况。在这方面，道德和数学与自然科学形成鲜明对比，因为自然科学的真实本质和名义本质有区别；最后，道德和数学在下述意义上超越经验，即在这两个领域我们可以通过演绎或直觉直接获得知识，而不需诉诸感觉经验。在不知道是否已经犯下了谋杀罪的情况下，我们可以先验地知道谋杀是错误的。因为这个原因，洛克写道：

○   "道德原则要求大脑的推理、谈论和一些练习，以获得道德真理的确定性。"（I，iii，4）

由于这些类似性，洛克确信道德能够成为一门演绎的科学。

洛克也指出了数学和道德之间的一些区别。道德概念比数学概念更复杂。此外，人们争论道德问题而不争论数学问题，因为前者会激起个人的兴趣和政党的政治联盟。

尽管洛克确信道德是一个推理的系统，但他从未对道德科学如何可能给出一个明确的解释。相反，我们所发现的是一些零散的评论，这些评论算不上是一个先验的道德体系。然而，在洛克的观点中，道德是一门非常重要的科学。此外，道德与他的政治哲学有重要的关联，他的政治哲学或许是所有时代最有影响的政治理论。因为这些原因，我们将在这一章中附带审查洛克的道德理论，因为洛克从未写过一本反映他的成熟的道德立场的著作。他的道德思想必须由多种途径收集，并且运用机巧的假设把它们综合在一起。

道德的三种描述

洛克给出了三种不同的提纲式的道德描述。要想确切地知道这些是否代表了洛克在不同阶段的思想，或者是否他认为所有这三种道德描述最终指的是同一回事，将是困难的。后一种观点看起来可能性更大一些。

自然法

在《人类理解论》中，洛克写道：

○ "道德的善或恶只是我们的自愿行为对于某些法则的遵守或违反。"（II，xxviii，5）

洛克认为法则对所有人都是有效的，它独立于所有的社会机制。这些法则是理性可知的。这就是为什么有时候洛克的伦理学被称为理性主义。

对于今天的我们来说，洛克所用的术语容易引起混淆；他通常将这些法则称为"自然的法则"或"自然法"。这些名词指涉控制宇宙中的行为的基本规则，如"凡事必有原因"等。但是，它们也包括那些理性存在物应该使得自己的行为与之相符合的道德原则。

洛克以自己的自然法理论来反对天赋道德知识的观念。这使他的观点不同于传统的自然法理论，后者主张良心是道德原则的天赋知识。与这种观点相反，洛克认为，良心是某人对自己的行为对或错的意见，而这些意见可能源于教育或习俗。（I，iii，8）

然而，洛克的攻击不是针对基本的道德原则的真理性。他主要关心的是，天赋的假设将会取消理性在道德中的作用。对于任何一种实践原则来说，我们可能要问它的原因是什么？如果原则是天生就有的，则就不会有原因。洛克的观点是，上帝意欲让我们独自抉择（I，iv，12）。因为这个原因，上帝给我们天赋的能力，而不是天赋的观念和知识。根据洛克的观点，主张一个原则或者是一则知识是天赋的，等同于肯定它不需要理性或经验的支持。这就是促使他与天赋论争论的原因。

洛克区分了三种道德原则：神的、公民的和信念的法则。他说，与第一种原则相一致，人们

○ "判断他们的行为是罪还是责任；用第二类标准评价它们是有罪的还是无辜的；第三类标准判断它们是美德还是恶行。"（II，xxviii，7）

在这三类标准之中，只有第一类定义了道德义务的本性，现在我们就转向它。

上帝的意志

根据洛克的观点，上帝的意志是道德的真正基础（I，iii，6）。道德在于遵循神法。洛克认为，义务的概念需要法的观念，反过来，法的观念需要法的制定者的观念（I，iv，8）。

既然我们可以通过启示知道上帝的意志，洛克认为，对于

认识道德法则的本质来说，《圣经》是一个非常重要的源泉。然而，如我们在前一章警告过的，尽管启示可以超越理性，但是它却不能与理性相矛盾。因此，依靠圣经作为我们理解道德的源泉并不是忽视理性的借口。

按照洛克的观点，道德由法则构成。法则是由某个人指定的规则，这个人有权力用惩罚来实施这些规则。因此，道德义务的观念需要一个指定这些法则的上帝的存在。同样，道德需要有对遵守和触犯法则进行惩罚和奖赏的观念。这样，道德还涉及来世的观念。

快乐

洛克宣称，任何产生快乐的东西都是好的。他不认为"好"和"高兴"两个词是同义词，但他肯定善只能用快乐和坏、痛苦来理解。

○ "我们称为好的东西易于引起或增加快乐，或者减少我们的痛苦；或者使我们取得或保留任何其他的好的方面或者离开其他罪恶的方面。"（II，xx，2）

洛克显然打算在广义上使用"快乐"这个词。他说，它也可以被称为以下几个词：幸福、满足、高兴。（II，vii，2）它包括心身的快乐。"快乐"对于洛克来说，是一种速记法，它指的是一个人所渴望或愿意的东西。洛克认定，人们渴望的东西之间有很大差别。（II，xxi，55）结果，洛克否认下述古老问题的有效性：对于人类来说，什么样的生活是善好的生活？

洛克坚持这样的观点，即危害一个集体比危害个人更坏。（King，ii，95）在这个基础上，我们可以推测洛克会主张这样一个观点：为更多的人带来更多的幸福的行为比为更少的人带来更少的幸福的行为要好得多。如果是这样，他的观点将会是实用主义的先驱。

洛克用快乐和痛苦解释道德信念的主要动机，是为了说明道德观念如何符合他的经验主义的总体框架。好与坏的观念来源于我们的欢乐与痛苦的观念。或者说，我们不需要假定一种不同的或特殊的能力来解释道德概念的起源。它们如所有其他的观念一样，都是从经验中获得的。

此外，洛克对人类动机持有一种快乐主义的观点。根据这种观点，我们所有的行为的最终动机都是趋利避害（II，xxi，41）。这并不排除别人的幸福是自己幸福的一部分。这样，它不必是一种利己主义的观点。这样，如果是这种立场，下述论点是可以理解的：为什么洛克认为我们只用快乐和痛苦就能理解好和坏的观念。

三者的一致性

我们已经简要地审查了在洛克的著作中可以发现的关于道德的三种描述。洛克是如何调和关于道德的这三种不同的观点的呢？下面的引文突出地体现了洛克的思想：

○ "如果没有法则，就不会明白义务是什么；假如没有法则制订者，或者没有奖惩，也不能理解法则是什么。"（I，iii，12）

第一种和第二种

在自然法本身来自于上帝的前设下，必须使我们的行为服从自然法才有道德的主张与道德基于上帝的意志的主张是可以调和的。这样，洛克在理性与宗教之间达成妥协。理性告诉我们，我们应遵循自然法，而这同一法则是由上帝所命定的。因此，理性命令和自然法与上帝的命令并不矛盾。

因为如此，我们应该遵守的为上帝意志所定的法则，也是理性交付给我们的法则。上帝意愿理性的东西。上帝不会意志专断，因而他命定了理性的行为。

第三种

洛克区分自然的好坏和道德的好坏。自然的好坏来自于我们自然的倾向，如饥饿。洛克说：

○　　　"自然的善恶就是通过事物的自然效能，在我们身上产生快乐和痛苦的东西。"（King，ii，128）

另一方面，道德上善好的事物产生快乐，这种快乐是上帝的奖励。按照洛克的观点，上帝把快乐与某些行为联系在一起，是为了奖赏我们对其律法的遵守。洛克写道：

○　　　"由于某个理性的自由者的意志涉入而获致的快乐或痛苦就是道德上的善，这些苦乐不是由于自然的结果，而是权力涉入的结果。"（King，ii，128）

考虑到这个区分，道德的第三种描述可以与第二种和第一种相一致。我们可以假设洛克的基本思想如下：通过理性，我们可以知道上帝的意愿是什么，因为上帝的意志与自然法或道德律是一致的。这就是道德的理性基础。我们称之为道德的动机基础的就是快乐。

正如我们前面所看到的，洛克声明人们的动机是快乐。他也认为人们意志薄弱。即使相信地狱永罚的人仍然会犯错误。他们的意愿不是由他们的信仰决定的，尽管信仰会告诉他们什么样的行为会导致至福。他们会违背他们自己的良好的判断而行动。由于这个原因，上帝必须用处罚和奖励，或痛苦和快乐来支持他的法则。

总之，洛克的关于道德的思想是这样的：如果说一个行为遵守了上帝给予的法则，那么这个行为从道德上讲就是善的。上帝还通过快乐和痛苦的感觉来奖励和惩罚，以实施这个法则。（II，xxviii，5）

尽管洛克认为对错的知识能够通过推理而得出，但是，他也认为神启的圣经是我们理解道德的一个重要资源。他声称上帝创造了生而自由平等的人类。因而，自然法肯定了所有人天生平等。以此为基础，我们拥有某些自然权利，包括自由权和所有权。这些权利在洛克的政治理论中是非常重要的要素。

10

On Locke ——————— 政治：财产与权力

"民众可以合法地抗拒他们的国王"。（II，xix，232）这是17世纪动荡的英格兰所使用的革命口号。正如我们将要看到的，它们也是非常恰当的。

革 命 背 景

1679年，查理二世复辟不到20年，英国的政治局势再次受到不稳定的威胁，尽管内战后的较早阶段人们都渴望和平。英格兰国王是英国国教的领袖，王位的合法继承人是国王查理二世的弟弟詹姆斯，而詹姆斯是一个天主教徒。整个国家对詹姆斯将力图推行他的信仰感到极大的恐慌。

因为这个原因，沙夫茨伯里支持查理二世的信奉新教的私生子——蒙茅斯公爵继位。沙夫茨伯里组织俱乐部支持蒙茅斯，并试图激起对詹姆斯继位的反对。结果，沙夫茨伯里被捕并被控犯有叛乱罪，于1681年被送到伦敦塔囚禁，洛克逃往荷兰。

1685年詹姆斯成为国王。不久，不合法的王位要求者蒙茅斯发动了一场叛乱。叛乱失败后，蒙茅斯本人遭到流放。这些事件看起来使詹姆斯二世变得强硬，他提拔罗马天主教徒任职于全英的关键职位，而无视支持安立甘宗的现行法律。这一年的年末，他解散了议会。他发表了一个赦罪声明，借助权力摆脱现行法律以保证宗教信仰自由。反对国王的意见形成浪潮。人们开始担心詹姆斯与法国的路易十四一样，实施残暴的天主教专制。当法国对荷兰宣战时，这种担心呈现出一种新的紧急状态。尽管实际上他的女儿玛丽嫁给了荷兰的摄政王威廉，但是不清楚詹姆斯将是支持冲突中的新教荷兰还是天主教法国。1688年4月，威廉决定，如果英国民众邀请他，他将篡夺詹姆斯的王位。他开始准备入侵不列颠。

在1688年6月詹姆斯有了一个儿子时，事件变得更加具有戏剧性。现在有了一个明确的王位的合法继承人，值得天主教徒为之战斗。就在这个月，詹姆斯意识到，他的女婿和女儿正准备篡夺他的王位。他也认识到他自己的行为已经引起了人民的不满，所以他开始向后转。9月份，他发表了一篇声明，承诺支持国家的法律，并且召集议会。他向荷兰保证，他与法国之间没有私下签订条约。他改正了原先的一些决定。但是已经太迟了。11 月初，威廉王子带领他的军队在英格兰西部的托贝（Torbay）登陆。

英国人民欢迎信奉新教的威廉王子和国王的女儿。没费一颗子弹，所有城镇表示臣服。詹姆斯的另一个女儿安妮公主像托利党（the Tory Families）成员那样加入到她姐姐一边，而这些托利党成员一般都支持皇家事业。詹姆斯众叛亲离。他逃到法国，威廉进驻伦敦。

1689 年 1 月，议会召开了一次特别会议来决定国家的未来政府。下院的三分之二的席位由辉格党人组成，他们支持新教王子。然而，上议院主要由托利党人组成。形势呈现为一个戏剧性的争端。

下院提出了两个解决方案。第一个，詹姆斯"通过违反国王和人民之间的原始契约，试图颠覆政体"，因此他事实上放弃了他的王位；第二个，他们认为英国由一个信奉天主教的国王来统治新教的英国，这是与新教英国的"安全和幸福不一致"的。上院接受了第二个提案，而不是第一个。第一个提案建议国王可以因为没有执行责任而被罢免，这实际上违反了世袭权原则，所以托利党人不同意这个提议。

当詹姆斯的大女儿玛丽宣布她和她的丈夫将联合执政时，僵局打破了。上院同意这种主张，即詹姆斯由于逃离国家而放弃了王位，并于 1689 年 2 月宣布威廉和玛丽为国王和王后。

这些戏剧性的事件激起了剧烈的政治争端。洛克最伟大的政治方面的著作《政府论》，主要就是为反抗不义权威的权利辩护，就是对反抗绝对专制的革命的辩护，因此它在 1689 年 8 月的出版是正合时宜的。事实上，早在洛克 1683 年离开英国到荷兰之前，他已经写了手稿的主体部分，那时他正在为沙夫茨伯里效力以反对詹姆斯继承王位。

1689 年初，洛克返回英国后，迅速完成了他的旧手稿，更新了它的内容以便支持"我们伟大的复兴者威廉国王"。洛克的辩护涉及对一些原则的详细阐述和论证，这些原则包括：政府必须经过被统治者的同意；得不到民众信任的统治者没有权利统治人民。

洛克的理论包括以下 5 个部分：

①批判国王拥有天赋的统治权利的思想。

②给予政府以合法性的同意理论。

③阐释政府和人民之间关系的信任理论。

④财产理论：人民如何获得拥有私人财产的权利。

⑤在当时英国的背景下，对上述原则的实践或应用。

反对天赋王权

洛克写书的部分原因是为了驳斥罗伯特·菲尔默爵士（Sir

Robert Filmer）的理论，后者主张国王有统治臣民的天赋权利。1640年左右，菲尔默写了一本名为《辩护天赋王权，驳民众的非自然的自由》的书。作为对保皇主义者立场的一个清楚有力的解释，这本书在查理二世统治期间很有影响。自然，它对辉格党人也很重要，后者正试图排除詹姆斯二世，因而正可以将此书作为靶子来批驳。

菲尔默的理论的起点是，自杀是错误的。根据菲尔默的观点，禁止自杀说明人不是他或她自己生命的所有者，只有上帝才是。这就证明统治者不能从民众那里获得统治的权利，而只能从上帝那里获得，既然上帝是一切的所有者。

另外，当一个臣民威胁到公共福利时，统治者确实有权剥夺那个人的生命。只有当统治者从上帝那里直接获得权利的时候，上述事实才能与基督教对自杀的禁止不相矛盾。为了说明统治者确实是从上帝那里直接获得权力的，菲尔默论证了天赋王权。统治的权利是来自于上帝的礼物。

菲尔默用一个历史的解释支持这个论点。根据《旧约全书》，上帝把地球给了亚当。他给亚当以所有权，以及所有由此而来的政治权威。亚当最初的权利随后再被细分，并作为一种遗产传递给政治统治者或国王。这种政治权威仍是上帝意愿的一种表达。上帝作为万物之主，指派某些特定的人代表他去统治他的创造物的某些部分，因此，就有了天赋王权。

这个理论否定了统治者须经人民的同意才能统治的思想。

因此，它也否定了当统治者威胁到公共利益时，人民有权利对他或她进行反抗的主张。因此，菲尔默的理论使得议会在1689年的行为不可能成为正当的，而正是这个行为让威廉和玛丽取代詹姆斯而登上王位。

在对菲尔默的回答中，洛克区别了统治的权利和服从的义务。在很大程度上，公民出于和平和秩序的需要有义务服从统治者，这对于一种善好的生活是必要的。然而，统治者只有当他们的命令值得公民尊敬和服从时，他们才有统治的权利。当这些命令威胁到和平和秩序时，人民有权利进行抵抗。换句话说，对于洛克来说，政治权威不是基于从上帝那里继承的所有权，而是基于秩序与和平的需要。

根据洛克的观点，基督教禁止自杀并不表明上帝赋予了统治者对民众的所有权。相反，它表明自杀行为是错误的，因为上帝为人类的生命制定了律法。基督教对自杀的禁止显明了人类生命的伟大价值。相反，菲尔默的立场是通过暗示所有民众都是他们的统治者的奴隶或财产，来否定人的生命的价值。在洛克看来，这违背了上帝的命令。

同　　意

洛克认为，为了阐明政治权力的基础，我们必须解释人们是如何通过进入一种社会契约而形成了一个由法律统治的公民社会，从而脱离原始的、非政治的自然状态的。

①**自然状态**：所有人天生都是"平等和独立的"。（T，II，6）在洛克看来，在先于任何公民社会的自然状态中，人们根据自己的愿望行动，并受理智的约束。在人民持有理性的范围内，他们的行动服从自然的道德律，而这些道德律只有通过理性才能知道。总体上讲，在自然状态中，人们之间不会互相残杀，违反承诺和利用他人。换句话说，根据洛克的观点，处于自然状态时人们不会完全是非道德的。他们仍有义务遵循道德法则。然而，他们将不会受到社会的约束；他们实际上遵守自然的道德律，也仅仅是因为它们碰巧是理性的。此外，人们经常是非理性的。结果，在自然状态中，人们可能很容易地进入一种战争状态，他们用暴力来夺取别人的财产或防范自己免遭侵犯。换句话说，自然状态可能是和平的，但却是不稳定的，并且可能容易恶化为战争状态。由于这个原因，自然状态是靠不住的。根据洛克，人们为了克服这种不确定性，就形成了公民社会。

此外，洛克认为自然状态缺乏：

○   "一种通过普遍同意而接受和允许的，确定的、可操作的、众所周知的法则，作为评价对错的标准以及判定他们之间所有矛盾的共同准绳。"

在断言这一点的时候，洛克并不是主张道德是由这样一个社会性的法则决定的。对错不依赖于普遍同意，而是依赖于自然法，正如我们在前一章所看到的。不过，人们在一个更安全的环境中生活在一起需要普遍同意。不注重对错或道德的界定，而注重它的执行或实践，是必要的。在自然状态下，人们没有解决关于自然法的分歧的办法，因而根据他对自然法的规定的理解，每个人都可能去惩罚他者。这是不安全的一个根源。相反，为了安全地生活，人们彼此需要公开声明的和普遍知道的行为预期。因此，我们需要通过政治权力来实施的法律。

此外，如我们在后面将要看到的，为了我们的繁荣的缘故，我们也需要这样的法律，以便我们能够拥有更多的财产。这是因为，只有拥有公开的、可执行的法律，所有权才能获得安全与和平的支持。

②**社会契约**：通过放弃政治权力，个人才能获得安全和拥有更多财产的可能性。洛克把政治权力定义为：

> "制定死刑以及所有比之较轻的刑罚的法律的权力，调整和保留财产，用国家军队执行这些法律并保护公共财产不受外国的侵害的权力，并且所有这些仅仅是为了公共福利。"（T，II，3）

换句话说，为了确保自身以及财产的安全，个人订约同意形成一个社会。根据契约，他们将自身执行道德的权利让渡给政府。

　　每个人代表他或她自己进入这样一种契约。过去几代人的同意不能约束现在这代人。这种社会契约是通过默许形成的。当一个人成年的时候，他通过保持为社会的一员而赞成这个契约。持异议的唯一办法就是离开社会。

　　对社会起源的分析说明了政府的目的。政府的目的是保存生命、自由和财产（T，II，125）。从这里可以产生如下的结论，即政府的目的不应当是控制或统治，它应该是提供服务。根据洛克的观点，政府不是一个征服的问题，而是一个契约问题。同样，个体对他或她的权利的放弃应该降到最低限度，以利于社会成员的相互保护。除了那些必须放弃的东西，个体不应该再放弃什么。

信　　任

　　对于洛克而言，社会契约由信任组成。信任把社会联系在一起。按照洛克的观点，我们有彼此信任的道德责任。它是基于自然法的一个责任，反映了我们对上帝的依赖。洛克的思想是上帝意欲人类在群体中生活在一起。但是，我们越忽视对上帝的依赖，我们越倾向于孤立和不信任。所以，根据洛克，我们有道德义务彼此信任，并且不要辜负这种信任。不能履行这两种义务中的任何一种，都会促使社会解体。

由于和平和繁荣的缘故，人们需要彼此信任，对于他们的政府或统治者来说更应如此。然而，这并不意味着统治者将实际遵照这样的信任行事。根据洛克的观点，统治者的部分作用是提供公正的判断，这是人们进入社会契约的主要原因。个体将政治权力让渡给政府，以便有一个中央权威创建和实施一部人所共知的法律以维护社会稳定，从而使财富得到发展。因而，统治者值得他的臣民们信任和服从，仅仅是因为他们公正执法。

没有这样做的统治者便是一个暴君。洛克给专制下了两个定义：第一，暴君利用他的政治权力为自己谋利而不是为公众谋利（T，II，xiii，94）；第二，洛克把专制定义为"无权威地使用暴力"（T，II，xiii，155）。换句话说，驾驭于法律之上使用暴力的统治者是暴君。对专制的两种描述分别依赖于政治的两个一般特征：第一种描述依赖于政府的目的或意图。第二种依赖于政治权力的起源。

在论述这些观点的时候，洛克宣称任何人都不能越出法律之外（T，II，vii，94）。任何人都受国家法律的约束，包括国王在内。这样，洛克对法律和统治者意志做出了明确的区分。

当一个暴君违反法律或超出法律的范围而伤害了民众，那么他就使他自己与这些民众处于一种战争状态。他成为一个不公正的侵犯者。这实际上等同于对这些个体宣战，因而个体有权利保护自己。

财 产 权

为了回答菲尔默，洛克不得不解释个人所有权是如何成为一种正当权利的。他必须解决的一个问题是，如何使上帝把地球给予了全体人类的主张与私人所有权的确立协调起来。菲尔默认为这样一种协调是不可能的，并且他借着这个观点主张上帝把地球赐给神指派的统治者——亚当的政治后裔，而不是赐给全人类。为了反对菲尔默的论点，洛克必须回答这样一个问题：人类作为一个整体接受的上帝礼物如何能与个人的私有财产相融合？

洛克精彩而简洁的回答的实质就是劳动。劳动属于劳动者。通过将劳动施加于原材料和其他尚无归属的东西之上，人能使得这些东西成为他或她的私有财产。这就是通过劳动获得对土地、矿物、能源等的个人私有权。

这样，洛克能解决上帝把地球赐给全体人类的观念与私有财产概念之间的冲突。他也能答复菲尔默了，后者认为这样的私有权利来源于上帝，不过需要借着国王或统治者，而洛克认为它们是借着个人劳动从上帝那里获得的。

洛克假设，每一个人都拥有天赋的权利。其中一种基本的权利就是行动自由，不受别人的意志的限制——只要他遵守道德律。洛克认为，因为我们是同一种类的平等成员，所有的人在这个权利上都是平等的。从这个意义上来讲，上帝创造了我们，给了我们自由和平等，并且正因为如此，我们有责任不去伤害别人，并且促进"全人类的保存"。因此，在这方面，富人和穷人是平等的，并且财富并不能把这一权利转让给更大的政治权力。行动自由的权利是下述主张的基础，即每个人都拥有自己的劳动的权利。

根据洛克的观点，这些论断说明了道德首先受上帝制定的自然法的限定。在先于任何社会的自然状态中，人们拥有权利和义务。所有权不是来源于社会契约，而是源自在道德律范围内的劳动的权利和自由行动的权利。

除此之外，所有权具有重要的政治意义。根据洛克的观点，一个社会的政治应以自然的道德法则为基础，他说：

○   "国家的市民法只有建立在自然法基础上才是正确的。通过自然法，市民法得到调整和阐释。"（T，II，ii，9）

结果，洛克声明君主不能以自己的权威来合法征税。他需要人民或者是他们的合法代表的同意，以便不致"侵犯财产的基本法律"（T，II，xi，139）。他说：

"除非获得本人的同意，最高权力不能剥夺任何人的任何财产。"（T，II，xi，138）

　　然而，根据洛克的观点，政治的道德基础也为财产权设置了限制。财产权不是绝对的，它们受其他道德义务的约束。特别是，我们有不浪费的责任。财产权来源于上帝，并且我们有要好好保护我们的所有物的责任。

　　此外，根据洛克，每个人都有生存的自然权利。如我们所看到的，洛克认为我们有道德义务促进公共的或整体的福利。这反映出每个人有需要生存的权利。作为这种道德权利的结果，任何人可能对别人有一种责任，这种责任优先于财产权。例如，假设我从一个穷人那里购买某些产品，并知道如果我坚持付给他最低的市场价，他将会遭受饥饿，在这种情况下，洛克会认为我犯了道德上的错误。这个穷人的需要产生了道德权利，这个权利优先于我的财产权。洛克认为，这个道德权利也有政治指涉。政府有义务为穷人提供救济。

　　洛克是如何使私人财产权与集体的利益或整体的善相一致的呢？部分地是通过描述财产越来越制度化这个过程来实现的。首先，在自然状态下，当人们作为捕猎者聚居时，财产是根据个人的自由行为的自然权利定义的，因此通过其劳动的权利来界定。它也通过为满足生存和需要而利用自然资源的权利来界定。

　　其次，由于农业变得更稳定以及城市的发展，群体中的个体赞成使用货币，他们同意以货币交换他们的劳动产品。因此，他们允许人们拥有超过他们消费需要的东西，因为货币的使用使它成为可能。然而，货币的使用也使更多的人变得富有成为可能；它增加了"人类的共同储备"（T，II，v，37）。因为这个原因，货币的发明与道德律是一致的。然而，这种经济发展需要契约和财产法来管理商业贸易，需要财产所有权和合同来阻止争端，也需要法庭来解决这些争端。

用法律调节财产需要某种形式的政府。在社会的早期阶段，需要的法律很少，相应的最合适的政府形式也单一，即君主制。洛克认为，随着社会财富的积累，社会越来越工业化和商业化，它的法律也就更复杂。根据洛克的社会契约理论的描述，这种情况需要一种更复杂的政府形式。随着社会财富的不断增长，领导者更可能按自己的利益行动，所以我们需要"通过使政府的不同部门掌握在不同的人手中"（T，II，viii，111）来制衡政府的权力。

事实上，洛克对财产起源和发展的论述，给社会契约以及立宪政府在道德上的正当性提供了一个解释。

实　　践

概括地说，在反驳菲尔默的天赋王权论点的同时，洛克详细阐述了一种全面的政治理论。他主张政府的目的是为了人民的共同利益，并且政治权力的来源是人民的同意。他试图建立个人所有权的道德基础和政治基础。他提出法律面前人人平等。在这样做的时候，洛克构建了一种政治理论，这种理论使他能区分合法的统治者与暴君。

我们应看到，洛克是如何把他的理论应用于当时英国的政治状况的；特别是，洛克的理论如何为议会推翻詹姆斯二世，并让威廉和玛丽取代他的位置的行为提供正当性。

首先要考虑社会背景。洛克觉得最好的政府形式应包括君主政制、贵族政制以及民主政制三种政府形式的合理要素。他赞成由选举组成的立法机构运用权力去"指导如何运用国家的力量来保护集体和它的成员"。（T，II，143）这个立法机构或是制定法律的部门由人民选举的代表组成。

洛克区别了这个立法部门和执行法律的行政部门，也使它与处理外国事务的联邦机构区别开来。他认为行政功能和联邦功能能够集中于君主一身。尽管洛克区分了这些政治功能，但他没能像今天的我们那样区分行政部门和司法部门。

简言之，君主应对议会负责，而议会应对人民负责。从这个意义上讲，在洛克理论中，人民拥有了最高权力（T，II，149）。然而，一旦代表被选举出来，议会处于开庭时期，议会就拥有最高权力。而议会则把自由裁量权给予行政部门，以使后者依据公共利益行动。立法机关授权给国王。

结果是，集体拥有最高权力。集体把政治权力授予立法机构，立法机构再把权力委托给执法部门。结果，人民有权利罢免任何试图成为暴君或为自己赢得绝对权力的行政者的职位。

在 17 世纪英国的政治处境中，是什么行为使得国王变成了暴君？任何构成"违反信任"和试图"颠覆政府"的行为总是暴君的行为。首先，在 17 世纪英国，国王拥有召开或者解散议会的权力。但是，按照洛克的观点，这种权力是基于这样一种信任而设置的，即人民交付于选举的议会的信任，以及议会交付于行政部门或君主的信任。国王持续拒绝召集议会等于是滥用自由裁量权，也是一种通过改变权力的平衡来破坏政治体系的企图。而且，这将剥夺人民拥有代表的权利。因为这些原因，它将被当作一种暴君的行为。事实上，在 1681 年至 1685 年期间，查理二世并没有召集议会。

其次，一个国王也许以其他方式企图破坏立法机构的政治权力，例如，通过贿赂或威胁议会成员，或者通过改变选举方式。

第三，他可能企图把国家交付给某个国外的权力机构。（T，II，xix，219）

第四，他可能放弃了他的责任，不把议会通过的法律付诸实施。这些情况中的任何一种将构成违反信任，并构成暴君行为，而这将构 成反抗国王的正当理由。

洛克的理论在所谓的"新大陆"有巨大的影响。洛克写道：

"在起初的时候，整个世界都像美洲一样。"（T，II，49）他可能已经意识到新大陆为他新的政治理念提供了机会。他帮助卡罗来纳起草了州宪法。但是，他不可能想到，美国将变成一个独立的国家，并且拥有一部很多方面归功于他的政治哲学的宪法。他更不可能想到，他的革命性的理念有朝一日会变成正统理念。

On Locke ——————— 参考书目

R. J. 阿伦：《约翰·洛克》（Aaron，R. J. *John Locke*，Oxford，1971）

M. 阿亚斯：《洛克》［Ayers，M.，*Locke*（2 Vols），Routledge，1991］

V. 扎浦尔：《剑桥洛克指南》（Chappell，V.，*The Cambridge Companion to Locke*，Cambridge，1994）

J. 科曼：《洛克的道德哲学》（Colman，J.，*Locke's Moral Philosophy*，Edinburgh，1983）

M. 卡伦斯通：《洛克传记》（Cranston，M，*John Locke：a Biography*，London,1957）

J. 杜恩：《洛克》（Dunn，J.，*Locke*，Oxford，1984）

R. 哈奇逊：《洛克在法国，（1688—1734）》（Hutchinson，R.，*Locke in France* 1688-1734,Oxford，1991）

N. 朱莉：《莱布尼茨和洛克》（Jolley，N.，*Leibniz and Locke*，Oxford，1984）

N. 朱莉：《洛克的哲学思想》（Jolley, N., *Locke：His Philosophical Thought*, Oxford, 1991）

金·彼得编：《约翰·洛克的生活与书信》（King, Peter, ed., *The Life and Letters of John Locke*, 2 vols.）

约翰·洛克：《人类理解论》（Locke, John, *An Essay Concerning Human Understanding*, ed, P. Nidditch, oxford, 1978）

约翰·洛克：《政府论》（Locke, John, *Two Treatises of Government*, ed, P. Laslett, Cambridge, 1987）

约翰·洛克：《论宗教宽容》（Locke, John, *A Letter Concerning Toleration*, ed, J. Tully, Indianapolis, 1983）

约翰·洛克：《论自然法》（Locke, John, *Essays on the Law of Nature*, ed. W. von Leyden, Oxford, 1954）

约翰·洛克：《洛克通信集》（Locke, John, *The Correspondence of John Locke*, ed. E. de Beer, Oxford, 1976-1989）

约翰·洛克：《洛克文集》（Locke, John, *The Works of John Locke*, 10 vols., Aalen, 1963）

约翰·马可：《洛克的难题》（Mackie, John, *Problems from Locke*, Oxford, 1976）

D. J. 欧科罗：《约翰·洛克》（O'Connor, D. J., *John Locke*, London, 1952）

G. A. 罗各思：《洛克的启蒙》（Rogers, G. A., *Locke's Enlightenment*, Georg Olms Verlag. 1998）

G. A. 罗各思：《洛克哲学：内容与背景》（Rogers, G. A., *Locke's Philosophy*: *Content and Context*, Oxford, 1994）

P. 舒尔兹：《理性的自由：洛克与他的启蒙》（Schouls. P, *Reasoned Freedom: John Locke and the Enlightenment*, Ithica, N. Y., 1992）

W. 斯拜曼：《约翰·洛克和堕落问题》（Spellman, W., *John Locke and the Problem of Depravity*, Oxford, 1988）

G. 汤姆逊：《从笛卡尔到康德》：（Thomson, G., *Descartes to Kant*, Waveland Press, 1998）

I. C. 第普敦编：《洛克论人类理解》［Tipton, I. C.（ed.）*Locke on Human Understanding*, Oxford, 1977］

R. S. 沃尔豪斯：《洛克的科学哲学和知识哲学》（Woolhouse, R. S., *Locke's Philosophy of Science and Knowledge*, Oxford, 1971）

R. S. 沃尔豪斯：《洛克》（Woolhouse, R. S., *Locke*, Brighton, 1983）

J. 约尔顿：《洛克导读》（Yolton, J., *Locke*: *an Introduction*, Oxford, 1985）

悦·读人生 书|系

生为人，成为人，阅读是最好的途径！

品味和感悟人生，当然需要自己行万里路，更重要的是，需要大量参阅他人的思想，由是，清华大学出版社编辑出版了这套"悦·读人生"书系。

阅读，当然应该是快乐的！在提到阅读的时候往往会说"以飨读者"，把阅读类比为与乡党饮酒，能不快哉！本套丛书定位为选取国内外知名学者的图书，范围主要是人文、哲学、艺术类。阅读此类图书的读者，大都不是为了"功利"，而是为了兴趣，希望读者在品读这套丛书的时候，不仅获取知识，还能收获愉悦！

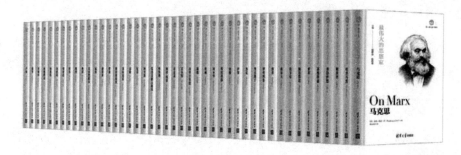

"最伟大的思想家"

北大、人大、复旦、武大等校30位名师联名推荐，集学术性
与普及性于一体，是不可多得的哲学畅销书

京东
购买

当当
购买

当当
购买

京东
购买

聋听音乐（第七版）

耶鲁大学公开课教材，全美百余
所院校采用，风靡全球

当当
购买

京东
购买

大问题：简明哲学导论（第十版）

全球畅销500万册的超级哲学入
门书，有趣又好读

艺术：让人成为人

人文学通识（第10版）

被誉为"最伟大的人文学教科书"，教你"成为人"

当当
购买

京东
购买